Kleine Geschichte Oberbayerns

Michael W. Weithmann

Kleine Geschichte Oberbayerns

Verlag Friedrich Pustet
Regensburg

Umschlagmotiv:
Blick auf Schloss Berchtesgaden. Unsignierte Gouache aus
dem „Mathildealbum", Schloss Wolfsgarten (Hess. Hausstiftung)
Foto: Hessisches Staatsarchiv Darmstadt

Bibliografische Information der Deutschen Nationalbibliothek

Die Deutsche Nationalbibliothek verzeichnet diese Publikation
in der Deutschen Nationalbibliografie; detaillierte bibliografische
Angaben sind im Internet über http://dnb.d-nb.de abrufbar.

www.pustet.de

ISBN 978-3-7917-2085-2
© 2007 by Verlag Friedrich Pustet, Regensburg
Umschlaggestaltung: Kulturdesign Anna Braungart, Tübingen
Gesamtherstellung: Friedrich Pustet, Regensburg
Printed in Germany 2007

Inhalt

Vorwort

Welche Assoziationen verbindet man mit „Oberbayern"? Einheimische denken wohl an Heimat, Berge und Seen und an relativ gesicherte Lebensverhältnisse, Fremde an Urlaub, Ferien und weiß-blauen Himmel, und Wirtschaftsvertreter stellen sich eine moderne Infrastruktur, zukunftsweisende Industrien und hohe Kaufkraft vor. Auf jeden Fall ist das „Image" Oberbayerns positiv besetzt. Es mag sich dabei um Klischees handeln, doch beruhen sie auf realer Basis. In allen bundesweiten Rankings über Wirtschaftskraft, Kulturangebot, Freizeitwert und Lebensqualität nimmt Oberbayern regelmäßig Spitzenplätze ein. Die Regionen München und Ingolstadt sowie das südostbayerische Chemiedreieck zählen zu den besonderen „Vorzugsräumen" der Europäischen Union. Die Gründe dafür sind vielfältig, aber aus der Geschichte des Landes erklärbar.

Benediktinische Klöster, gotische Herzogstädte und nüchterne Industriedenkmale sind heute noch Zeugnisse der abwechslungsreichen Vergangenheit in Deutschlands südlichster Region zwischen Donautal und Alpenkamm. Dem Raum am Oberlauf der Isar – daher „Ober"-Bayern – kommt seit 500 Jahren nicht zuletzt wegen der Landeshauptstadt München eine ausgesprochene Mittelpunktsfunktion zu. Das Voralpenland repräsentiert aber mit seinen eigenständigen Städten und Landschaften doch erheblich mehr als den Speckgürtel um die Metropole.

Galt Bayerns größter Regierungsbezirk noch in der „guten, alten" Prinzregentenzeit um 1900 als behäbiges Bauernland, so hat er sich innerhalb der letzten 50 Jahre zum hochmodernen Hightech-Standort gewandelt. Grundlegend dafür wirkte sich jene „historische Weichenstellung" aus, als nach dem Zweiten Weltkrieg wichtige Schlüsselindustrien und Großunternehmen ihre Sitze aus Ost- und Mitteldeutschland in den Süden verlegten.

Wie alle anderen Regierungsbezirke des Freistaats wurde Oberbayern als moderne politische Einheit erst 1837 gegründet. Seine gegenwärtigen Grenzen beruhen auf der umfassenden Gebietsreform von 1972. In beiden hoheitlichen Akten erfuhr Oberbayern jeweils eine Vergrößerung seines Gebiets. Eine geschichtliche Darstellung Oberbayerns muss also auch Landschaften und Orte berücksichtigen, die bis ins 18. Jahrhundert und bis 1972 nicht Teil unseres Regierungsbezirks waren. Dazu gehören der ehemals salzburgische Rupertiwinkel mit Berchtesgaden, die vormals niederbayerischen Städte Altötting und Burghausen und nicht zuletzt die Bischofsstadt Eichstätt.

Das oberbayerische Wappen zeigt die weiß–blauen Rauten (eigentlich „Wecken") sowie den „rotbewehrten und rotgekrönten" pfalz-bayerischen Löwen.

Ein paar Fakten zuerst

Sieben Regierungsbezirke bilden den Freistaat Bayern: Ober-
und Niederbayern, Oberpfalz, Schwaben sowie Ober-, Mittel-
und Unterfranken. Der Flächenstaat Bayern verfügt über einen
dreistufigen Verwaltungsaufbau. Der Regierungsbezirk stellt
die Mittelstufe zwischen der Staatsregierung und den nach-
geordneten Behörden (Landratsämter, Kreisfreie Städte) dar.
Verwaltungsbehörde ist die Regierung, deren Leitung dem
Regierungspräsidenten obliegt. Oberbayern setzt sich aus 20
Landkreisen mit 503 Kommunen und drei kreisfreien Städten
(München, Ingolstadt, Rosenheim) zusammen.
   Die Bezirke bilden die dritte kommunale Ebene in Bayern.
Diese kommunalen Gebietskörperschaften decken sich räum-
lich mit den Regierungsbezirken. Die Verwaltung besorgt der
Bezirkstag, dem der Bezirkstagspräsident vorsteht. Zu den viel-
fältigen Aufgaben des Bezirks Oberbayern zählen der Sozial-
bereich, das Gesundheitswesen, Bildung und Ausbildung,
Umwelt und Naturschutz. Und dazu kommen als besondere
Schwerpunkte noch die Förderung der landestypischen Kultur,
der Heimatpflege und des Geschichtsbewusstseins hinzu. Auch
das vorliegende Bändchen ist in diesem Rahmen zu sehen und
soll zum Geschichtsverständnis über unsere Region beitragen.

Oberbayern in Zahlen

Fläche: 17 531 Quadratkilometer; Oberbayern nimmt damit 24,8 %
– also ein Viertel – der Gesamtfläche Bayerns ein.
Einwohner: 4 238 195; Oberbayern beherbergt 34 % der Gesamt-
bevölkerung Bayerns.
Einwohnerzahlen (gerundet): Region München: 2 552 000; Region
Ingolstadt: 452 000; Region Oberland: 434 000; Region Südost-
oberbayern: 801 000.
Größere Städte: München (1 260 000 E.); Ingolstadt (121 400 E.);
Rosenheim (60 250 E.); Freising (41 000 E.); Dachau (38 000 E.);
Germering (36 000 E.).

Bei einem bundesdeutschen Mittelwert von 100 beträgt die Kauf-
kraft 120 (Bayern: 107)
Die Erwerbslosenquote betrug 2005 6,7 % (Gesamtbayern 8 %).
(Stand 2005/2006)

Der Regierungsbezirk Oberbayern mit Landkreisen und kreisfreien Städten.

Der Raum Oberbayern

München und Oberbayern

Oberbayern ist der flächenmäßig größte und bevölkerungsreichste Regierungsbezirk des Freistaats Bayern. An Wirtschaftskraft zählt er zu den stärksten und fortschrittlichsten Regionen der gesamten Bundesrepublik Deutschland – und nimmt damit einen Spitzenplatz innerhalb der Europäischen Union ein. Das Herz der bayerischen Wirtschaft schlägt hier. Hochmoderne Einrichtungen aus IT, Hightech, Kommunikation und internationalen Medien bestimmen das Bild. Mehr als ein Drittel aller Beschäftigten arbeitet im Regierungsbezirk Oberbayern und erwirtschaftet über 40 % der bayerischen Wertschöpfung. Selbstverständlich spielt dabei die Großstadt München und ihr urbaner Einzugsbereich von insgesamt zweieinhalb Millionen Menschen eine tragende Rolle.

Nicht der ganze oberbayerische Regierungsbezirk, aber doch bedeutende Teile sind wirtschaftlich nach München ausgerichtet. Eine halbe Million Pendler strömen tagtäglich von Rosenheim, Landsberg oder Pfaffenhofen in die City. München repräsentiert bereits ein Oberzentrum, das weit über Bayern hinaus wirkt und über Tirol und die Alpenländer bis in die italienischen Zentren Venedig, Verona und Mailand ausstrahlt. Und Münchens Bedeutung wird innerhalb der nach Mittel- und Südosteuropa erweiterten Europäischen Union noch weiter zunehmen. Als einziger Millionenstadt im Süden Deutschlands mit einem prognostizierten Zuwanderungsgewinn wird ihr eine Zentralfunktion in der europäischen Metropolregion zwischen Stuttgart, Frankfurt, Prag, Mailand und Zürich zukommen. Und Oberbayern profitiert davon. *„Zu Hause in Bayern – erfolgreich in der ganzen Welt."*

Aber, bei aller Wertschätzung Münchens, Oberbayern ist beileibe kein Anhängsel der Stadt München oder gar nur seine ländliche Peripherie. Und es gibt neben der Landeshauptstadt durchaus noch andere Städte mit reicher geschichtlicher Vergangenheit, mit kulturellen Einrichtungen und einem intakten Wirtschaftsgefüge: Ingolstadt, Oberbayerns zweitgrößte Stadt, war lange Zeit Mit-Hauptstadt unseres Raumes und beherbergte die erste bayerische Universität. Und um seine heutige Bedeutung wissen nicht nur Audi-Fahrer! Rosenheim, an dritter Stelle in der oberbayerischen Städtereihe stehend, ist eine quirlige Metropole am Alpenrand, die den Strukturwandel von der Eisenbahndrehscheibe des 19. Jahrhunderts zum modernen Einkaufs- und Dienstleistungszentrum bravourös gemeistert hat. Dann folgt Freising an vierter Stelle der Einwohnerzahl. Gemessen an der geschichtlichen Bedeutung aber müsste es an erster Stelle stehen! Freising ist die heimliche Hauptstadt Oberbayerns. Urkundlich bereits im 8. Jahrhundert als Stadt erwähnt, übertrifft es den Parvenü München um ein halbes Jahrtausend an Alter und war bis ins 19. Jahrhundert Sitz des Bischofs über unsere Region. Die Moderne hat hier mit dem Airport Munich (MUC), auf Freisinger Gebiet gelegen, Position bezogen. Dachau war lange Zeit herrschaftliche Sommerresidenz und im 19. Jahrhundert ein beliebter Treffpunkt für Künstler. Im letzten Jahrhundert hat sich Dachaus Nähe zu München, zur „Hauptstadt der Bewegung", nicht gut ausgewirkt, wurde hier doch das erste NS-Konzentrationslager eingerichtet. Die sechstgrößte Kommune ist Germering, eine typische urbane Agglomeration der Nachkriegszeit, entstanden aus dem Zusammenschluss der Gemeinden Germering und Unterpfaffenhofen im Umfeld der modernen Betriebe, die sich im Münchner Westen angesiedelt haben.

Oberbayerns politische und regionale Entwicklung ist nicht kontinuierlich verlaufen und war mehreren Brüchen unterworfen. Wir wollen diesen Zusammenhang anhand von mehreren Städten anschaulich machen, die zwar im heutigen Oberbayern gelegen sind, historisch gesehen aber keine „oberbayerischen Städte" sind. Wie das? Burghausen an der Salzach war die längste Zeit seiner Geschichte neben Landshut eine der Hauptstädte Niederbayerns. Seine gewaltige Burganlage ist von niederbayerischen Herrschern aufgetürmt worden. Zu Oberbayern kam es in der ersten Hälfte des 19. Jahrhunderts qua königlichen Federstrich. Und als „oberbayerische Stadt" erfuhr sie

Die Statt

1. Vser Frawen Thom kirch.
2. Fürstlich Schloß
3. S. Andre Coll. Stiffe
4. S. Iohanis.
5. Hoff Capell.
6. S. Benedict.
7. Thom Decanei.
8. Thom Herren hoffe.
9. S. Martins kirche.
10. S. Peters Capell.
11. Münchner thor.
12. S. Georgi Pfarc.
13. Gotsacker.
14. S. Veits Stifft.
15. Wesche Stephan:
   Benedicttner Closter.
16. S. Iacob
17. Mosach fleis
18. Iser fleis.

Die im 8. Jahrhundert gegründete Domstadt Freising ist der historische Mittelpunkt Oberbayerns. – Kupferstich von Matthaeus Merian, 1657.

auch jenen wirtschaftlichen Aufstieg, den ihr die Wacker-Werke und das südostoberbayerische Chemie-Dreieck bescherten. Die Städte Tittmoning, Laufen und Freilassing an der Salzach wären noch vor etwas über 200 Jahren schwer beleidigt gewesen, hätte man sie überhaupt als bayerisch bezeichnet. Sie waren salzburgisch (aber beileibe nicht österreichisch!) und sind auch heute noch auf diese Metropole ausgerichtet. Neuburg an der Donau ist die Residenz eines eigenständigen, von Oberbayern unabhängigen Ländchens gewesen. Im 19. Jahrhundert wurde es Bayerisch-Schwaben angegliedert, was historisch korrekt war. Doch im Zuge der Landkreisreform 1972 kam es an Oberbayern. Auch die Bischofsstadt Eichstätt in der Altmühlschleife ist eine „Neuerwerbung" Oberbayerns von 1972, obgleich sie historisch ein Teil Frankens ist.

16

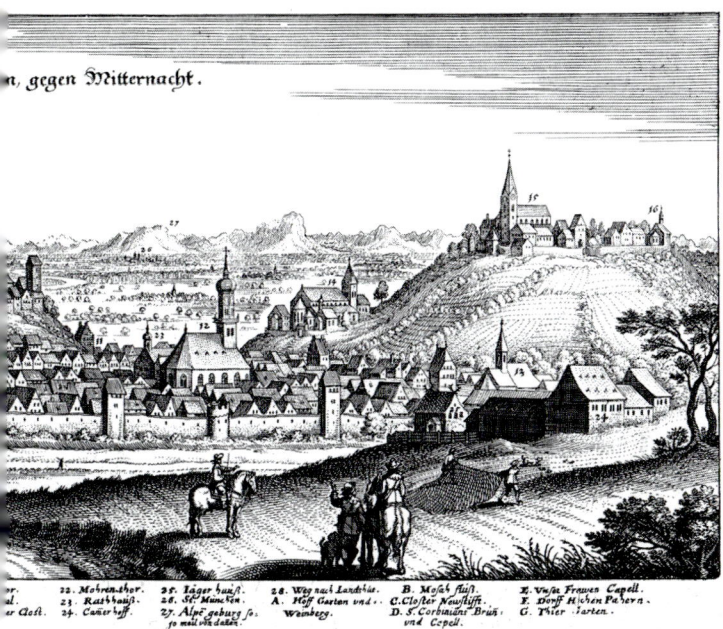

22. Mohrenthor.　25. Iäger hauß.　28. Weg nach Landshut.　B. Mosa fluß.　E. Vnser Frawen Capell.
23. Rathhauß.　26. St. München.　A. Hoff Garten und　C. Closter Neuftifft.　F. Dorff Hichen Pachern.
24. Canser hoff.　27. Alpe gebirg so　Weinberg.　D. S. Corbinians Brün　G. Thier Garten.
　　　　　　　　　so weil wie daran.　　　　und Copell.

Unser Oberbayern repräsentiert also eine eigenständige
Landschaft und eine historisch gewachsene politische Einheit,
die freilich einen langen Weg zurücklegen musste. Und das
rechtfertigt auch eine Geschichte Oberbayerns.

Obere Bayern und Niedere Bayern?

Der Begriff „Ober"-Bayern hat schon zu manch süffisanter
Bemerkung geführt, besonders gegenüber „Nieder"-Bayern,
schließlich scheint beiden Attributen eine deutliche Wertung
eigen zu sein, die fast an den „Ober" und „Unter" des in ganz
Bayern beliebten Kartenspiels erinnert. Aber mit hierarchischer
Ober- und Unterordnung haben diese beiden Regionalbe-

17

zeichnungen überhaupt nichts zu tun! Ihre Erklärung ist überraschend einfach: Die Isar ist der Fluss, der diese beiden genannten Regierungsbezirke in der Gesamtheit durchfließt. Und der „obere Teil" ihres Einzugsgebiets, also die Region, die näher zur Flussquelle hin sich erstreckt, ist eben Ober-Bayern, und der niedere Teil, den die Isar zur Mündung hin durchmisst, bezeichnet Nieder-Bayern. Auch im Sprachgebrauch drückt sich das aus, der Passauer oder Landshuter fährt nach München „*auffe*" (hinauf), wie umgekehrt der Münchner sich dorthin „*obe*" (hinab) begibt.

In dieser Weise und damit durchaus nachvollziehbar sind anno 1255 in der ersten Landesteilung des Herzogtums Bayerns die zwei Regionen festgelegt worden. Als Kernzonen bildeten sich in der Folgezeit für Oberbayern die Achse Ingolstadt–München–Traunstein, und für Niederbayern der Raum Landshut–Straubing–Vilshofen heraus. Die Grenzen beider Verwaltungseinheiten waren demgegenüber jahrhundertelang nicht genau festgelegt und veränderten sich. Burghausen und Moosburg z. B. kamen erst im 19. Jahrhundert zu Oberbayern.

Die monumentale Burg zu Burghausen sollte den letzten niederbayerischen Herzog Georg den Reichen (1479–1503) vor seinem oberbayerischen Vetter Herzog Albrecht dem Weisen (1460–1508) schützen.

Die Grenzen Oberbayerns

Werfen wir einen Blick auf den modernen, im Rahmen des Freistaats liegenden Regierungsbezirk Oberbayern: Erkennen wir natürliche Grenzen? Gegen Süden hin bildet die Alpenkette die Grenze zu den österreichischen Bundesländern Tirol und Salzburg. Die Linie folgt dabei nicht den Tälern sondern den Graten und Bergkämmen, welche die Berggipfel verbinden. Die Geografen nennen dies eine „orografische Grenze".

Die Gebirgsgruppen werden dabei meist zerteilt und erstrecken sich über bayerisches wie österreichisches Gebiet. Von West nach Ost sind dies zu Tirol hin das Ammergebirge, das Wettersteinmassiv mit dem höchsten Berg der deutschen Alpen, der Zugspitze (2964 m), das Karwendelgebirge und die Tegernseer Berge. Die Chiemgauer Alpen bilden eine sanfte Grenze zum schroffen Tiroler Kaisergebirge. Gegen Salzburg hin steigt die Berchtesgadener Bergwelt dann dramatisch in die Höhe und erreicht im Steinernen Meer eine Durchschnittshöhe von 2500 Metern. Der Watzmann ist mit 2713 Höhenmetern der zweithöchste Berg der deutschen Alpen. Am sagenumwobenen Untersberg hat Oberbayern noch mit dem Hochthron (1972 m) Anteil.

Nach Süden offen: Die Alpen sind kein Hindernis!

Es mag eine überraschende Tatsache sein, dass die Alpen für die Menschen nie trennend gewirkt haben. Von frühester Menschheitsgeschichte an lassen sich enge Verbindungen von Süd nach Nord und *vice versa* nachweisen. Hirten und Händler querten die Berge. Der „Ötzi", der um 5800 v. Chr. sein Ziel leider nicht erreicht hat, ist nur ein Beispiel für die Bedeutung der Alpen als Kultur-Brücke, nicht etwa als Kulturscheide, wie man auf den ersten Blick vermuten könnte. Nicht nur Handelsgüter fanden ihren Weg, sondern auch Ideen, und Gene, also ganze Stämme und Völker. Im nördlichen und südlichen Alpenvorland haben seit jeher eng verwandte Völker gelebt, zwar durch

Sprache geschieden, aber mit weitgehend gemeinsamer Kultur und Religion. Die nonchalante Wertung von München und Oberbayern als *„nördlichster Vorposten Italiens"* hat durchaus seinen kulturgeschichtlichen Hintergrund! Vergleichbar beginnt für die Italiener das eigentliche teutonische und protestantische Deutschland erst nördlich der Mainlinie.

Viele Pässe und Flusstäler ermöglichen den Übergang ins südliche Nachbarland. Die junge Isar durchbricht im Scharnitzpass (948 m) den Karwendel und bietet dort die kürzeste Verbindung von München nach Innsbruck. Auch der Achenpass (941 m) war früher ein frequentierter Übergang von München ins Inntal. Durchs bayerische Inntal, wo sich der ungestüme Gebirgsfluss nach seiner Bahn quer durch die Berge seinen Weg hinaus ins flachere bayerische Oberland geschlagen hat, verläuft seit jeher eine der Hauptachsen durch die Alpen. Handelszüge, Heere und Pilger waren hier unterwegs. Deutsche Könige und Kaiser zogen in Richtung Rom. Bis ins 16. Jahrhundert zählte das Inntal bis kurz vor Innsbruck übrigens zum bayerischen Herzogtum. Die Grenze zu Tirol bei Kiefersfelden besteht erst seit 1505.

Halten wir fest: Die schroffe Bergkette der Bayerischen Alpen – sie ist kein Riegel und ist es niemals gewesen! Im Gegenteil, sie weist den Weg nach Süden, nach Oberitalien, einer seit den Römern ökonomisch und kulturell pulsierenden Region, und weiter zum Mittelmeer, dem Ursprungsraum der europäischen Kultur. Oberbayern ist nach Süden orientiert!

Lech und Salzach bilden natürliche Grenzen

Oberbayern wird im Westen vom Lech, im Osten von der Salzach, mithin zwei großen Alpenflüssen, eingegrenzt. Beginnen wir im Westen mit dem Lech. Ihm kommt nämlich wirklich eine Art Grenzfunktion zu. Östlich des Lechs beginnt – übrigens ziemlich abrupt – der alemannische Großraum. Schon im oberbayerischen Vorfeld von Schongau und Landsberg ändert sich die Sprache und nimmt unüberhörbar schwäbische Formen an. Der Lech bildet dann eine deutliche Sprach- und auch Mentalitätsscheide. Jenseits des Flusses erstreckt sich der Bezirk Bayerisch-Schwaben mit Augsburg als Hauptstadt.

Die Salzach und ihr Nebenfluss Saalach hingegen waren nie eine echte Grenze. Hüben und drüben leb(t)en Menschen gleicher Sprache und Kultur. Bis ins 18. Jahrhundert durchflossen sie das Fürstbistum Salzburg, zu dem das gesamte linksufrige Gebiet – der Rupertiwinkel – zählte. Der bayerische Löwe tappte hier erst nach 1815 herein. Politische Grenzfunktion kam der Salzach nur von 1815 (Wiener Kongress) bis 1999 (österreichischer EU-Beitritt) zu. Die eigentliche historische Ostgrenze Oberbayerns zum Fürstbistum Salzburg verlief weiter westlich und orientierte sich an der Alz und an der Traun.

Die höchst unbeständige Nordgrenze

Die Nordgrenze ist die längste und am wenigsten überschaubare Linie, die Oberbayern von Niederbayern und ganz im Norden von Mittelfranken und im Nordwesten von Schwaben abtrennt. Natürliche Grenzen können wir hier nicht einmal im Ansatz erkennen! Die Linie verläuft wie willkürlich durchs Gelände. Sie ist ein Ergebnis jahrhundertelanger inner-wittelsbachischer Machtpolitik. Im 19. Jahrhundert versuchte man sie im Zuge einer Verwaltungsreform etwas zu begradigen, was nicht durchwegs gelang. Bis 1972 blieb die Nord- und Westgrenze Oberbayerns unverändert. Der Regierungsbezirk bildete bis dahin einen geschlossenen Raumkörper, der in der Donau (den Brückenkopf Ingolstadt ausgenommen) eine deutliche natürliche Grenze zum Fränkischen und Oberpfälzischen besaß.

Die große Flurbereinigung: Gebietsreform 1972

Die große Flurbereinigung – die Gebietsreform von 1972 – hat gerade in diesem Areal viele Veränderungen gebracht. An der Isar verlor Oberbayern die Gemeinde Bruckberg an Niederbayern. Auch Mainburg mit dem Kern der Hallertau ging an Landshut. Viel gravierender waren aber die Zuwächse und Einschnitte im Donaugebiet. Das Altmühltal befindet sich seitdem bis kurz vor Riedenburg in Oberbayern, obgleich es historisch auf die Oberpfalz ausgerichtet ist. Und wer – Hand aufs Herz – assoziiert denn Eichstätt mit Oberbayern? Dieses ehemalige Fürstbistum tendierte seit über 1000 Jahren ins Fränkische. Die Angliederung Neuburgs an der Donau – ehedem schwäbisch – kann man eher unter historischen Vorzeichen akzeptieren. Dagegen wurde der ehedem oberbayerische Landkreis Aichach–Friedberg geteilt und zum größten Teil Schwaben zugeschlagen. Auf das wittelsbachisch-bairische Stammland um Aichach musste Oberbayern verzichten. Die neue innerbayerische Grenzziehung von 1972 folgte nicht mehr historischen Vorbildern, sondern modernen infrastrukturellen organisations- und verwaltungstechnischen Konzepten. Ein – durchaus einsehbares – Ziel war es z. B., dem Wirtschaftsstandort Ingolstadt mit Eichstätt und Neuburg-Schrobenhausen ein erweitertes Umland zu verschaffen.

Halten wir fest: Die Grenzziehung Oberbayerns nach Norden war seit jeher „fluktuierend" und diversen Interessenslagen unterworfen.

Flussläufe Oberbayerns

Sämtliche Flüsse Oberbayerns entspringen in den Alpen und entwässern in die Donau. Dieser Strom, nach der Wolga der zweitlängste Fluss Europas, fungiert als „Regenrinne des Alpenvorlandes" und nimmt den Lech, die Isar und den Inn auf. Zu seinem gewaltigen Einzugsgebiet zählt auch das gesamte südliche und mittlere Bayern. Der oberbayerische Abschnitt beträgt zwar nur 30 Flusskilometer, enthält aber das Renaissance-Juwel Neuburg an der Donau und die zweite Großstadt Oberbayerns, Ingolstadt. Bei Pförring überquerte eine uralte Handels- und Heerstraße die Donau. Bis zur Erfindung der Eisenbahn war die Donau die Hauptschlagader für Verkehr und Fernhandel in Mittel- und Südosteuropa. Während die Schifffahrt heute nur bis bzw. von Kelheim möglich ist, wo die zum Main-Donau-Kanal umgewandelte Altmühl mündet, wurde in historischer Zeit die gesamte Strecke bis Ulm mit Fracht- und Passagierschiffen befahren.

Salzach und Inn waren in historischer Zeit viel befahrene Wasserstraßen. Das Fresko am Rathaus in Marktl/Inn zeigt Salz-Plätten und einen Treidelzug des 18. Jahrhunderts.

Der Inn durchfließt unser Gebiet vom bayerischen Unterinntal durch das Rosenheimer Becken und die Wasserburger Jungmoränenlandschaft, bis er beim Papstort Marktl die Salzach aufnimmt und damit seine Wassermenge fast verdoppelt. Er ist – neben der Donau – der zweite internationale Fluss Oberbayerns und mit 510 Kilometern Länge auch einer der größeren Flüsse Europas. Sein Quellgebiet liegt am schweizerischen Maloja-Pass, er durchfließt Nordtirol und wird kurz hinter Kufstein bayerisch. Rosenheim, Wasserburg, Mühldorf, Alt- und Neuötting sind seine nächsten Stationen in Oberbayern. Wasserburg diente als „Hafen Münchens", von welchem der kurfürstliche Hofstaat bequem auf dem Wasserweg nach Altötting, Passau oder Wien reisen konnte. Der ungestüme Gebirgsfluss war eine pulsierende Lebens- und Verkehrsader, die von vorgeschichtlicher Zeit bis ins 20. Jahrhundert von Plätten und Schiffen, im 19. Jahrhundert gar mit Dampfschiffen, befahren wurde. Seit dem Kraftwerksbau bei Töging 1924 dient seine alpine Wasserkraft der Energiegewinnung, wodurch der Fluss manche Einzwängung und Aufstauung in Kauf zu nehmen hatte.

„Heut ist Föhn …"

Der Inn ist auch verantwortlich für den Föhn, ein typisch oberbayerisches Wetterphänomen: Der Fluss reißt die Warmluft über
den Alpentälern mit und transportiert sie ins Voralpenland, das
dann wie unter einer extrem durchsichtigen Glasglocke schmort.
Bekanntlich pflegt man an solchen Tagen sämtliche menschlichen
Unzulänglichkeiten auf den Einfluss des Föhns abzuwälzen.

Lech, Isar und Salzach haben wir schon erwähnt. Dazwischen
finden wir kleinere Flussläufe. Paar und Ilm streben selbststän-
dig der Donau zu. Siedlungsgeografisch bedeutend sind die
Tributärflüsse. Ihre Flusstäler und Hochterrassen boten sich
den Menschen als bevorzugtes Dauersiedelgebiet an. Die Flüsse
sorgten für Nahrung, für Verkehr und Handel, für Wasserkraft
und auch für Schutz. Gerade die „kleineren" Flusstäler waren
favorisierte Siedelgebiete, weil sie einerseits nicht direkt an den
großen Einfallstraßen lagen, aber dennoch mit ihnen verbunden waren. Für die Besiedelungsgeschichte Oberbayerns kommen daher der Paar, der Glonn, Ammer und Amper, Loisach,
Mangfall, Alz und Traun ganz besondere Bedeutung zu.
   Die Loisach nimmt ihren Lauf über 120 Kilometer vom Ler-
mooser Becken (Tirol) durch das Werdenfelser Land, sie durchfließt den Kochelsee und mündet bei Wolfratshausen in die Isar.
Wie die Isar war sie ein typischer Flößerei-Fluss, auf dem Holz-
stämme und Kalksteine aus den Alpen transportiert wurden.
Bei Wallgau nimmt sie seit 1925 abgeleitetes Isarwasser auf,
welches über das Walchenseekraftwerk der Loisach zugeführt
wird. Die Mangfall ist ein Abfluss des Tegernsees. Ihre 60 Kilometer führt sie erst nach Norden, doch dann in einer charakteristischen Schleife nach Osten zum Inn, den sie bei Rosenheim erreicht. Aus dem Ammergebirge kommt die Ammer. Sie
durchfließt den Ammersee und verlässt ihn als Amper. Ihre
Anlieger sind Grafrath, Fürstenfeldbruck und Dachau. In einem
weiten Bogen umgreift sie München und Freising und geht
nach 170 Kilometern bei Moosburg in die Isar ein. Die Würm
entquillt dem Starnberger See (dessen Name bis ins 19. Jahrhundert Würmsee lautete), durchfließt das idyllische Würmtal

vor Gauting und durchmisst Pasing und Menzing im westlichen Münchner Stadtgebiet. Bei Dachau trifft sie auf die Amper. Die Alz verlässt bei Seebruck den Chiemsee und verstärkt nach 63 Kilometern den Inn. Ihr wichtigster Seitenfluss ist die oberbayerische Traun, die Traunstein ihren Namen gegeben hat. Aus den Chiemgauer Alpen kommend, ergießt sie sich nach 45 Kilometern bei Altenmarkt in die Alz.

Natur- und Kulturräume Oberbayerns

Naturräumlich ist Oberbayern sehr übersichtlich von Süd nach Nord in mehrere geologische Bänder gegliedert. Die Hochgebirgszone der Alpen von der Zugspitze bis zum Watzmann haben wir schon erwähnt. Es sind Kalkmassive, deren Zacken über 2000 Meter hoch aufragen. Als oberbayerisches Hochland firmieren die Gebirgszüge zwischen Lech- und Inntal. Es folgt das Voralpenland, dessen Berge immerhin noch bis 1900 Meter aufsteigen. Die Berge am Alpenrand gehen in die bewaldete Flyschzone über. Typisch für das südliche Oberbayern ist die breite Moränenlandschaft. Sie ist entstanden, als sich die Alpengletscher während der Eiszeit nach Norden ausbreiteten und nachher wieder zurückzogen. Wir bezeichnen diese Region als das eigentliche oberbayerische Oberland. Glazialer Herkunft sind auch die Seen, die in das Alpenvorland eingebettet sind: Der Staffelsee, der Walchensee und der Kochelsee. Starnberger- und Ammersee, Pilsensee, Wörthsee und Weßlinger See bilden zusammen das „Fünf-Seen-Land". Über das umfangreichste Wasservolumen verfügt der Starnberger See. Die größte Wasserfläche beansprucht der Chiemsee – mit seinen 80,1 qkm das „Bayerische Meer" genannt.

Vor den Endmoränen breitet sich die flache Schotterebene aus, auf der z. B. München sitzt. Die Schotterplatte geht in das tertiäre Hügelland über, das im Norden vom Donautal begrenzt wird. Natur- und kulturräumlich zeichnet sich das „Land vor den Bergen" durch eine pittoreske regionale Vielfalt aus. Zwischen südlichem Lechrain und Ammer finden wir z. B. den Pfaffenwinkel, der seinen Namen von den zahlreichen Klöstern (Steingaden, Rottenbuch) und Wallfahrtskirchen (Wieskirche) erhalten hat. Hinter Dachau breitet sich das Holzland aus, benannt nach den Nutzwäldern, die dort angelegt worden sind. Eine eigentümliche Landschaft ist die Hallertau, die sich über ober- und niederbayerisches Gebiet gleichermaßen erstreckt. Sie wird vom Hopfenanbau geprägt. Das breite Donaumoos war bis zur Kolonisation im 19. Jahrhundert eine sumpfige, häufig überflutete und gemiedene Gegend. Dasselbe gilt auch für das Erdinger Moos, das erst im vergangenen Jahrhundert erschlossen worden ist.

Am Gebirgsrand bildete das Werdenfelser Land mit Garmisch bis ins 18. Jahrhundert ein eigenes, dem Fürstbistum Freising unterstehendes politisches Territorium. Aus dem Isarwinkel mit Bad Tölz, Lenggries und dem Seitental der Jachenau wurden bis vor 200 Jahren Baumstämme in großen Mengen geflößt. Eine eigene Kulturlandschaft bildet das Tegernseer Tal. Ursprünglich war es klösterlich-benediktinisch bestimmt. Im 19. Jahrhundert setzte hier der Tourismus ein. Das Rosenheimer Becken ist seit jeher eine Verkehrslandschaft, in welcher sich die großen West-Ost und Süd-Nord-Verbindungen Südbayerns kreuzen. Östlich des Inn breitet sich zu Füßen der Berge der Chiemgau aus, der als karolingische Gaugrafschaft und später als eigenes Bistum lange Zeit zwischen Salzburg und Bayern lavierte. Der Rupertiwinkel in der Salzachniederung weist schon mit seinem Namen, den er vom salzburgischen Kirchenpatron erhalten hat, unmissverständlich auf seine historische Zugehörigkeit zu Salzburg hin.

Kelten, Römer, Bajuwaren

Räter und Kelten

Auch wenn Oberbayern erst mit der wittelsbachischen Herrschaftsteilung Mitte des 13. Jahrhunderts staatliche Gestalt annimmt, so ist seine Geschichte doch weitaus älter. Antike Geschichtsschreiber erwähnen für das erste vorchristliche Jahrhundert die Namen rätischer und keltischer Stämme zwischen Lech *(Licca)* und Inn *(Oenus)*. Archäologisch sind die Kelten nachweisbar in der eisenzeitlichen La Tène-Kultur, die im Alpenvorland zahlreiche Relikte hinterlassen hat. Seit 1937 wird in Manching südlich von Ingolstadt ein *Oppidum*, ein keltisches Stammeszentrum, ausgegraben und bis heute gibt der Boden immer wieder Erkenntnisse preis. Die Forschungen ergaben ein ausgedehntes urbanes Gemeinwesen, das sich über 380 Hektar erstreckte und von einem 7 Kilometer langen und 5 Meter hohen Wall aus Holz, Erde und Steinen umgeben war. Die meisten Funde stammen aus den drei vorchristlichen Jahrhunderten. Manching, dessen keltischer Name uns nicht überliefert worden ist, war die früheste „Stadt" nördlich der Alpen. Eine offene Frage der Forschung ist noch das Ende der Keltenzeit, das schon um 50 v.Chr. eingesetzt hat. Innerhalb eines relativ kurzen Zeitraums wurden die *Oppida* und Siedlungen aufgegeben und verlassen. Waren Seuchen oder Hungersnöte dafür verantwortlich? In Manching gibt es auch Anzeichen für innerkeltische Kämpfe und Zerstörungen. Als die Römer ihre Siege über die Alpen trugen, war es mit der keltischen Kultur jedenfalls schon vorbei.

Römische Ordnung

Im Jahre 15 v.Chr. besetzten römische Legionen das Land südlich der Donau. Von der Regierungszeit des Kaisers Augustus (um Christi Geburt) bis ins 5. Jahrhundert war es als *Provincia*

Raetia ein fester Bestandteil des Römischen Imperiums. Den Namen erhielt die Provinz vom einheimischen Stamm der „Räter". Der Inn bildete eine innerrömische Zollgrenze zur östlichen Nachbarprovinz *Noricum*. Die einheimische „restkeltische" Bevölkerung passte sich rasch der hohen lateinischen Zivilisation an. Für 300 Jahre ermöglichte die römische Grenzsicherung an der Donau der Provinz Rätien einen friedlichen Landesausbau und ein kulturelles und ökonomisches Niveau, das erst wieder in der Neuzeit erreicht werden sollte. Im ganzen Land entstanden feste Orte und Gutshöfe *(Villae Rusticae)* mit Steinbauten. Nachgewiesen sind solche in Gauting, Marzoll und Unterbaar bei Neuburg an der Donau. Annehmlichkeiten wie Bäder mit Warmluftheizung, Mosaikfußböden, ja selbst Theater gehörten dazu.

Bis in die frühe Neuzeit orientierte sich die Infrastruktur an den alten, schnurgerade verlaufenden Römerstraßen. Ihre Trassen können wir heute noch z. T. in der Landschaft verfolgen. Die Hauptverbindung zwischen Salzburg *(Iuvavum)* und der rätischen Hauptstadt Augsburg *(Augusta)* verlief quer durch Oberbayern. Bei Pfaffenhofen *(Pons Aeni)* nördlich von Rosenheim setzte sie über den Inn, tangierte den Chiemsee bei *Bedaium* (Seebruck) und erreichte die Isar bei Grünwald. Ihr weiterer Verlauf ist durch den Amperübergang bei Schöngeising *(Ambrae)* gekennzeichnet. Weitere Römerstraßen verliefen entlang der Loisach, der Isar und des Lechs.

Das Christentum, seit der Mitte des 4. Jahrhunderts römische Staatsreligion, ist schon früh in unserem Gebiet nachweisbar. Bereits Ende des 4. Jahrhunderts dürfte sich der neue Kult durchgesetzt haben.

Die Bajuwaren erscheinen

„Barbarische" Einfälle und Invasionen aus dem Norden erschütterten Rätien mehrfach. Doch erst im 5. Jahrhundert begannen sich germanische Stämme entlang des Inns und im Chiemgau fest und dauerhaft niederzulassen. Die Germanen, die teils kriegerisch, teils aber als Hilfstruppen und Verbündete

Roms über die Donau kamen, trafen auf eine romanisierte Provinzialbevölkerung, deren Anzahl freilich schon sehr gelichtet war und die sich vor den Eindringlingen zum Teil in Randgebiete zurückgezogen hatte. Die Eroberer nannten sie *„Walchen"* (Welsche). Die Namen Wallgau, Walchensee, oder das bekannte Wirtshaus „Walgerfranz" im Isartal erinnern noch daran. Um 550 tauchen zum ersten Mal die Bajuwaren in den schriftlichen Quellen auf. Ihre Herkunft ist immer noch Gegenstand leidenschaftlicher Debatten. Historiker vermuten einen „neuen Stamm", der sich aus verschiedenen germanischen Kleingruppen, Sippen und Familienverbänden herausgebildet habe. Der Stammesadel und die Führerkaste – die späteren Herzöge – könnten durchaus aus dem Raum Böhmen gekommen sein – dies wären dann die *Boiowarii*, die „Leute aus Böhmen". In der Ethnogenese (Volkswerdung) der Bayern spielt indes die zahlenmäßig sicher breitere Schicht von „dagebliebenen" Romanen und latinisierten Kelten eine tragende Rolle.

Als erstes bayerisches Herrschergeschlecht ist die Sippe der Agilolfinger überliefert, die von 550 bis 788 auf dem Herzogsthron in Regensburg saß. Unter ihnen wurde das gesamte Areal zwischen Lech und Inn vom 6. bis 7. Jahrhundert besiedelt und kolonisiert. Typisch für bairische Gründungen sind die auf „ing" endenden Ortsnamen, nach deren hoher Zahl und dichter Streuung der Siedlungsvorgang sehr intensiv und mit hoher Volkszahl verlaufen sein muss. In Oberbayern stellen die „ing Orte" eine signifikante Größe dar (Beispiele: Erding, Grafing, Olching, Pasing, Penzing, Schwabing, Chieming usw.).

Kirche und Herzogtum

Eine Zeitlang lebten Germanen und „Walchen" noch nebeneinander her, auch räumlich getrennt. Den eindringenden Völkerschaften war auch das Christentum vertraut und ihre Anführer dürften zum überwiegenden Teil bereits christianisiert gewesen sein. Während die römische Verwaltung zusammenbrach, blieb die Kirchenordnung bestehen und bot sowohl den

Einheimischen wie den Zuwanderern Halt und Neuorientierung. Und mit der weiterlebenden Kirche blieb auch das Latein als Schriftsprache weiterhin präsent. Noch vor der Herausbildung des Herzogtums etablierte sich eine straffe Kirchenorganisation. Die im heutigen Oberbayern gelegenen Bistümer Freising und Eichstätt unterstanden seit dem 8. Jahrhundert dem Erzbischof von Salzburg.

Das Herzogtum war wohl organisiert. Die Agilolfinger erwählten die alte Römerstadt Regensburg zu ihrer Hauptstadt. Da mittelalterliche Herrscher aber immer im Lande herumreisten, um vor Ort Recht zu sprechen und Entscheidungen zu fällen, wurden Pfalzen errichtet. In diesen, bereits aus Stein errichteten „Palästen" logierten Herzog und Hofstaat. Im Oberbayerischen sind in Freising, Neuburg an der Donau, Bad Aibling und (Alt-)Ötting Herzogspfalzen belegt. Neben der herzoglichen Dynastie werden noch fünf Adelsgeschlechter genannt, die sich die Herrschaft über das Land teilten: Die Huosi, Drozza, Fagana, Hahilinga und Anniona. Nur der Gau (Lateinisch: *Pagus*, Herrschaftsbezirk) der Huosi läst sich einigermaßen klar im westlichen Oberbayern lokalisieren. Herzog und Adel gründeten Klöster – nicht nur zur geistlichen Erbauung, sondern als Verwaltungssitze und Zentren des Landesausbaus und der Rodung. In ihnen galt die benediktinische Regel: *„Ora et Labora"*.

Bis zur Mitte des 8. Jahrhunderts vermochte sich das bayerische Stammesherzogtum gegen das expandierende Frankenreich zu behaupten. Doch Karl der Große (reg. 768–814) war ein zu übermächtiger Gegner. Der letzte agilolfingische Herzog, Tassilo III., wurde 788 verbannt und verschwand in einem Kloster. *„Tassilo wurde vor den König geladen. Man erlaubte ihm nicht mehr heimzukehren"*, hieß es lakonisch. An die Stelle selbständiger Herzöge traten fränkische Statthalter. Karl der Große (ab 800 Kaiser) besiegte die Sachsen, Friesen, Slawen (Wenden) und schließlich die Awaren. Um seine Eroberungen zu sichern, ließ er Teile der unterworfenen Völker verpflanzen und in andere Gegenden umsiedeln. Auch Oberbayern erhielt dadurch einen neuerlichen Bevölkerungszuwachs, der sich in zahlreichen Ortsnamen widerspiegelt, wie Sachsen-

Herzog Tassilo III. gründete der Legende nach anno 753 das Kloster Wesso-
brunn. Der Glockenturm „Grauer Herzog" wurde um 1200 errichtet.

kam oder den auf „-winden" endenden Orten in der Hallertau,
die auf Ansiedlung von Wenden hindeuten.

Für Oberbayern änderte sich infolge des Herrschaftswechsels
wenig. Auch den Franken lag das Ländchen am Herzen. (Alt-)
Ötting erscheint 831 als königliche Pfalz. König Karlmann
gründete dort ein Kloster und ließ die Pfalzkapelle (heute
„Innere Kapelle") erbauen, in welcher er 880 seine letzte Ruhe-
stätte fand. Unter Ludwig dem Deutschen erfahren wir für das
Jahr 841 von der *Villa Ingolstadt*, einem königlichen Kam-
mergut.

Die „neuen" Hunnen

Doch dann folgte ein halbes Jahrhundert Angst und Schrecken: Von Osten brachen die Ungarn herein, ein nomadisches Reitervolk, das von den Bayern mit den „Hunnen" der Völkerwanderungszeit gleichgesetzt wurde. 910/11 erreichten die ungarischen Hirtenkrieger den Lech und zerstörten sämtliche Klöster im Hinterland. Nur Freising, das mit einer Mauer umgeben war, hielt ihnen stand. In die bayerische Volkspsyche haben sich diese Verheerungen tief eingegraben. So ist eine eigene Sagenwelt um die vermeintlichen „Hunnen" entstanden. Um sich gegen die fast jährlichen Plünderungszüge zu schützen wurden Fliehburgen für die Bevölkerung angelegt. Noch heute künden Erdwälle und Gräben dieser „Ungarn-Refugien" von jener kriegerischen Epoche, wie die Birg bei Schäftlarn oder der Burggraben im Westerholz bei Kaufering.

Erst mit der Entscheidungsschlacht auf dem Lechfeld südlich von Augsburg im Jahre 955 war die Ungarngefahr gebannt. Das Land erholte sich relativ rasch von den Kriegsfolgen. Nicht alle Klöster wurden wieder aufgebaut, aber diejenigen, die wieder erstanden, dann umso prächtiger, wie Tegernsee, Benediktbeuern, Weihenstephan, Schäftlarn (ab 1140 Prämonstratenserkloster) und St. Zeno in Bad Reichenhall mit der größten noch erhaltenen romanischen Basilika in Oberbayern. Das anno 994 gegründete Kloster Seeon diente unter Kaiser Heinrich II., dem Heiligen (1002–1024), als wichtiges *Scriptorium*, als Schreibstube und Kanzlei des Reiches.

Klöster, Burgen und Städte

Das Jahrhundert der Welfen (1070–1180)

Mit dem Machtantritt der Welfen 1070 rückte der Raum Oberbayern wieder ins Zentrum der Reichsgeschichte. Die Welfen waren ein ursprünglich schwäbisches Adelsgeschlecht, das große Besitzungen und Hausgüter links und rechts des Lechs besaß. Welfische Burgen waren Peiting, Altenstadt (Schongau), Landsberg und Mering. In Kaufering starb 1120 Herzog Welf II. Geistliche Stützpunkte im Oberbayerischen waren die welfischen Klöster Rottenbuch (1073) und Steingaden (1147). Eine energische, aber in seinem Machtstreben höchst ambivalente Persönlichkeit tritt uns in Herzog Heinrich dem Löwen (1129–1195) entgegen. Seit 1142 regierte er in seinem Stammland Sachsen, seit 1156 in Bayern. Der Welfe ging daran, die herzogliche Macht durch wirtschaftspolitische Maßnahmen zu stärken. Mit Erfolg partizipierte er an dem durch Oberbayern laufenden Fernhandel, indem er die wichtigsten Brückenorte – Burghausen an der Salzach, Landsberg am Lech und schließlich auch München an der Isar – seinem Herrschaftsbereich einverleibte. Reichenhall mit seinen lukrativen Salzpfannen fiel 1169 an den Herzog. Damit war die innerbayerische Salzstraße vollständig in herzoglicher Hand. Auch die „Hallfahrt" (Salzverschiffung) über Saalach, Salzach und Inn unterstand dem Herzog.

Heinrich der Löwe hat damit die ökonomische Grundlage für das in sich gefestigte, relativ starke Herzogtum Bayern und seine Sonderstellung im Reich gelegt. Mit Burghausen, (Reichen-)Hall und Landsberg entstanden (neben dem oben genannten bischöflichen Freising) die ersten wirklichen Städte in unserem Raum. Und mit der berühmten Brückenverlegung vom freisingischen Oberföhring 9 Kilometer Isar aufwärts in ein Örtchen „bei den Mönchen" landete Heinrich der Löwe 1157/58 seinen wohl größten Coup in ganz Bayern: Denn daraus entstand die Weltstadt München!

Münchens Gründungsakt 1158

Im Raum München hatte schon vor 1158 eine klösterliche Siedlung *„apud Munichen"* bestanden. Nach der Zerstörung der freisingischen Zollbrücke in Oberföhring erwählte Heinrich der Löwe
diesen Weiler als Ort einer neuen Isarbrücke und richtete einen
Markt ein, der aufgrund des Salzhandels bald florierte. Ein erster
Schiedsspruch Kaiser Friedrichs II. – der Augsburger Schied von
1158 – bestätigte Heinrichs Brückenverlegung, erlegte ihm aber
die Zahlung jährlicher Kontributionen an Freising auf. Die Erst-
nennung des Ortsnamens „Munichen" in jener Urkunde vom
14. Juni 1158 gilt als Gründungstag Münchens.

Im Gegensatz zu den früheren Jahrhunderten ist die Welfenzeit
(1070–1180) in Bayern bereits durch literarische Quellen –
Annalen, Chroniken, Urkunden – verhältnismäßig gut dokumentiert. Kriegerische Ereignisse und dynastische Verwicklun-
gen stehen dabei im Vordergrund. Im Investiturstreit kämpften
Kaiser und Papst um die Vorherrschaft und das Recht, Geistliche zu ernennen (zu „investieren"). Die Parteien verliefen
dabei quer durch alle Adelsgruppen, die jetzt auch historisch
fassbar werden: Alte Hochadelsgeschlechter (Edelfreie und
Grafen) waren im unteren Inntal die Falkensteiner mit mehreren Burgen und dem Hauskloster Weyarn (gegründet 1133)
und am mittleren Inn die Grafen von Wasserburg in ihrer vom
Inn umzogenen Burg. Die Gründung der Inn-Klöster Alt-
hohenau (1235) und Rott geht auf sie zurück. Die Grafen von
Ebersberg gründeten Klöster in (Neumarkt-)St. Veit und in
Geisenfeld. An der Mangfall herrschten die Valleyer, an der
Donau die Diepoldinger in Vohburg, und am Inn die Kraibur-
ger. Das Fünf-Seen-Land war das Herzland der mächtigen,
international versippten Grafen von Andechs mit ihren zahlreichen Nebenlinien in ganz Bayern. Ihr Hauskloster war Diessen
am Ammersee (gegründet 1150). Vorher hatten sie sich schon
in den Klöstern Attel am Inn und in Hohenwart verewigt.

Die Wittelsbacher nahmen unter all diesen *Nobiles* (Edelfreien) und *Domini* (Herren) noch keinen besonderen Rang
ein. Sie profilierten sich aber durch die Gründung eigener
Hausklöster und Grablegen in Scheyern (1119) und Indersdorf

Das 1955 erstellte Wandgemälde von Konrad Schneider am Rathaus in Vohburg (ehemalige Andreaskirche) zeigt die mächtige Burganlage über der Donau im 15. Jahrhundert.

(1120). Die Sulzbacher Grafen gründeten Kloster Baumburg über der Alz (1105) und zu Beginn des 12. Jahrhunderts weit abgelegen und mitten im Gebirge das Stift Berchtesgaden.

Ritter und Burgen

All diese edelfreien Geschlechter scharten *„Ministerialen"* um sich, Dienstmannen und Vasallen, die Land als Lehen erhielten, und dafür zum berittenen Kriegsdienst verpflichtet wurden. Auch die geistlichen Herren stützen sich auf die Schwerter ihrer Gefolgsleute und Vögte. Das Bistum Freising z. B. gebot über eine große Menge von kleinen Adeligen und Rittern in ganz Oberbayern, die ihm Heeresfolge zu leisten hatten. Zwischen Salzach, Inn und dem Chiemsee stieg der Salzburger Bischof zum mächtigsten Lehensherrn auf und verfügte bald über eine beachtliche Streitmacht. Unter Welfen und Staufern beginnt die große Zeit des Rittertums und des Lehenwesens. Burgen überziehen das Land. Sie dienen als Verwaltungssitze und Wehrbauten des Adels.

Oberbayerische Burgen

Als Beispiele von oberbayerischen Burgen, die ihr mittelalterliches Aussehen noch bewahrt haben, seien genannt: Seefeld über dem Pilsensee, der Wohnturm von Haag, die pittoreske Höhlenburg Stein an der Traun, Hohenaschau und die Burg Staufeneck bei Piding. Liebhaber von Burgruinen kommen in Haltenberg am Lech, in Werdenfels über Farchant und auf dem Karlstein bei Reichenhall auf ihre Kosten.

Die ersten Kreuzritterheere sammelten sich und folgten entweder der Donau oder schlugen den Weg über die Berge bis Venedig ein, um von dort übers Meer das Heilige Land zu erreichen. Auch unbewaffnete Pilgerzüge waren unterwegs. Wiederholt zogen kaiserliche Heere über die Alpen nach Italien. Der Raum Oberbayern diente dabei als hoch frequentiertes Durchzugsgebiet, was dazu führte, dass die alten Römerstrassen wieder auflebten, die Flüsse befahren wurden und zahlreiche neue Siedlungen, Märkte, Herbergen, Burgen, Klöster und Kirchen entstanden. Und der Fernhandel kam in Gang: Die angebotenen Waren zeugen von erstaunlich weit reichenden Handelsbeziehungen: Aus Italien kamen Wein und Öl. Über Venedig und Genua wurden Orientwaren importiert, die gewaltige Profite abwarfen. Mit Seiden, Samt- und Brokatstoffen, Weihrauch, Myrrhe und Gewürzen und mitunter mit Reliquien beladene Karawanen überquerten den Scharnitz- und den Achenpass. Im Gegenzug wurden Rohstoffe und Halbfertigprodukte geliefert: Salz, Erze, Wachs, Leder, Pergament, Felle und Wolle.

Superior Bavaria

In der *Historia Welforum*, der kurz nach 1170 verfassten Haus-chronik des Welfengeschlechts, wird zum ersten Mal der Begriff „*Superior Bavaria*" – das Obere Bayern – schriftlich genannt. Im Kontext ist damit der regional „oben gelegene Teil" des Herzog-tum Bayerns gemeint.

Aufstieg der Wittelsbacher

Herzog Heinrich der Löwe hatte sich im Verlaufe seines ener-gischen politischen Wirkens allzu viele Feinde geschaffen. Als er 1176 dem Stauferkaiser Friedrich Barbarossa die Gefolgschaft verweigerte, war das Maß voll. Der ehedem mächtigste Reichs-fürst wurde 1180 geächtet und ins Exil getrieben. Zur nicht gelinden Überraschung der Zeitgenossen übertrug der Kaiser das frei gewordene Herzogtum Bayern dem 63-jährigen Pfalz-grafen Otto von Wittelsbach. Dies geschah am 16. September 1180 auf dem Reichstag im thüringischen Altenburg. Für Bayern – und besonders für Oberbayern – bedeutet diese Jah-reszahl eine der folgenreichsten Zäsuren der Geschichte. Von 1180 bis 1918 wird die Dynastie Wittelsbach Bayern nach innen und außen repräsentieren.

Der erste Wittelsbacher auf dem Herzogstuhl durfte sich in ein „gemachtes Nest" setzen. Der letzte bayerische Welfe hatte ihm ein wirtschaftlich prosperierendes Land mit starken her-zoglichen Rechten hinterlassen. Dass 1156 die Ostmark (das spätere Österreich) von Bayern abgetrennt worden war, wirkte sich eher segensreich im Sinne einer Gesundschrumpfung aus. Nun war es möglich, ohne sich im weiten Osten zu verzetteln, das verbliebene Land auszubauen und zu sichern. Und dies taten die Wittelsbacher.

Seit 1120 bekleideten die Wittelsbacher das Ehrenamt des Pfalzgrafen in Bayern. Sie vertraten damit die königlichen Rechte *(Regalien)* im Herzogtum. Pfalzgraf Otto V. (als Her-zog wird er Otto I.) schloss sich eng an die Staufer an und begleitete Kaiser Friedrich I. auf allen seinen Heerzügen. 1155

Die Grafen von Wittelsbach verwandelten ihre Stammburg Scheyern anno 1119 in das erste wittelsbachische Hauskloster. – Kupferstich von Matthaeus Merian, 1644.

rettete er ihn in der Veroneser Etschklause buchstäblich „aus der Klemme". Der Sage nach war dies der Anlass zur Belehnung mit Bayern im Jahre 1180, mithin ein Vierteljahrhundert später. Der eigentliche Grund dürfte nüchterner gewesen sein. Das Haus Wittelsbach gehörte nämlich nicht zur ersten Hochadelsgarnitur und war somit auf Gedeih und Verderb mit dem hohenstaufischen Kaiserhaus verbunden.

Politisch trat Otto von Wittelsbach allerdings ein schweres Erbe an. Schließlich ließ sich der Hochadel im Lande – die Falkensteiner, die Wasserburger und Diepoldinger – nicht so einfach übergehen. Besonders die reich begüterten und in ganz Europa bekannten Grafen von Andechs sahen sich mit Recht viel näher an der Herzogskrone als die provinziellen Wittelsbacher. Ihre mächtige Burg über dem Ammersee (heute Kloster Andechs) war ein glanzvoller Mittelpunkt höfischen, ritterlichen und frommen Lebens. Doch merkwürdig – nach nicht einmal 70 Jahren oder drei Generationen existierte keines dieser rivalisierenden Geschlechter mehr und die Wittelsbacher sitzen unangefochten im Sattel! Auf Ottos nur dreijährige Regentschaft folgte Ludwig I. Während seiner Herrschaft (1183–1231) verdreifachte sich der Besitz der Herzogsfamilie. Vogteien, Grafschaften und Herrschaften und damit all deren Vasallen gehen zum Herzog über. Begünstigt wird dieser Vorgang, weil viele bedeutsame Adelsfamilien in den Kreuzfahrten und Italienzügen durch den hohen Blutzoll ausstarben – während die „provinziellen" Wittelsbacher zu Hause geblieben waren. Sie ließen sich auch nicht dazu anstiften, ihre Söhne ins Kloster zu schicken und Güter an die Kirche zu verschenken – wie es z. B. die Andechser taten. Und daher bahnte sich das Ende der Andechser auch an, das mit der Zerstörung der Burg Andechs (um 1230) besiegelt wurde.

In der Heiratspolitik bewies Ludwig ebenso Geschick: Seine Gemahlin Ludmilla von Bogen brachte ihm das Donaugebiet ein – und übrigens die „Bogener Wecken" als „Rauten" ins bayerische Wappen! Zur Überwachung der wichtigen Fluss-übergänge an der mittleren Isar ließ er im Jahre 1204 die Burg Landshut (später „Trausnitz" genannt) errichten und legte damit den Grundstein zur Herzogstadt Landshut. Er hat das Herzogtum konsolidiert und es sogar geschafft, sich die Erblichkeit seiner bayerischen Herrschaft bestätigen zu lassen. Unter seinen Nachfolgern Otto II. und Ludwig II. (1253–1294) wurden die Grundlagen zum Ausbau des einheitlichen bayerischen Territorialstaates gelegt.

Der Herrschaftsmittelpunkt verlagert sich südwärts

Herzoglicher Hauptsitz Bayerns war noch unter den Welfen Regensburg gewesen. Doch unter den ersten Wittelsbachern lässt sich die Tendenz verfolgen, die Herzöge aus der Stadt hinauszudrängen. Verantwortlich war das aufstrebende Bürgertum, das durch Fernhandel reich geworden war und Selbstverwaltung einforderte. Da auch das staufische Kaisertum bestrebt war, Regensburg zu einer rein kaiserlichen Reichsstadt zu erhöhen, waren den Herzögen machtpolitisch die Hände gebunden. Im Jahr 1245 kam dieser Prozess zum Abschluss, als Kaiser Friedrich II. Regensburg die Privilegien einer vom Herzogtum unabhängigen Reichsstadt zusprach. Doch die Herzöge hatten vorgesorgt. Landshut, 1204 als Burg und Stadt gegründet, eignete sich hervorragend als strategischer Ort, als „des Landes Hüter".

Und München? Im Alten Hof, der alten, schon von Heinrich dem Löwen begonnenen Herzogsburg, residierten ab 1180 die Herzöge aus dem Hause Wittelsbach. Zwischen 1180 und 1200 stieg München von einem Markt *(Forum)* zur Stadt *(Civitas)* auf. Weitere Stadtrechte, die Ansiedlung von Klöstern und ein bereits in der Mitte des 13. Jahrhunderts als zu eng empfundenes ummauertes Stadtareal sind Zeichen für die herzogliche Privilegierung, welche München zuteil wurde. Die Stadt lag ja auch günstig und wirklich „zentralörtlich" inmitten des territorial relativ geschlossenen Herzogtums. Aufenthalte der Herzogsfamilie häuften sich daher, zumal der Alte Hof eine durchaus repräsentative Burg darstellte. Im Straßennetz war München gut erreichbar und an Flussschifffahrt und Fernhandelswege angeschlossen. Salz, sein Transport über die Isarbrücke und die „Niederlegung" in Salzstadeln, bot nach wie vor ein höchst einträgliches Geschäft.

Herzogtum Oberes Baiern

Oberbayern wird selbstständig (1255)

Ottos II. Söhne Ludwig II. (1229–1294), genannt der Strenge, und Heinrich XIII. (1235–1290) teilten sich im März des Jahres 1255 die Herrschaft. Die Herrschaft wohlgemerkt, nicht das Land! Denn die grundsätzliche Einheit des Landes Bayern wurde weder 1255 noch in den späteren so genannten Landesteilungen grundsätzlich in Frage gestellt!

Rechtlich gesehen handelte es sich also um eine Aufteilung in Verwaltungseinheiten mit eigenem Herrscher und eigener Hofhaltung, die aber unter einem gemeinsamen Dach verblieben. Die moderne Geschichtsschreibung behilft sich mit dem etwas unbeholfenen Ausdruck „Teilherzogtümer". Der Vorgang von 1255 war durchaus ungewöhnlich, denn Bayern war kaiserliches Lehen und kein frei verfügbares *Allod* (Eigentum) der Wittelsbacher! Nach dem im Feudalrecht geltenden Senioratsprinzip hätte eigentlich der Älteste – in diesem Falle Ludwig – die Gesamtherrschaft übernehmen müssen. Beide Brüder erhoben jedoch gleichen Anspruch auf das Erbe. Ihre Berater verwiesen auf das karolingische Beispiel der Reichsteilungen unter alle Söhne. Im Interregnum, der „schrecklichen, kaiserlosen Zeit" nach dem Ende der Hohenstaufen regte sich kein Widerstand.

Herrschaftsteilung

Die Teilung der Herrschaft und die Zuteilung der Herrschaftsbezirke an die beiden Herzöge wurde 1255 urkundlich niedergelegt und folgte relativ genauen geographischen Vorgaben. Ludwig erhielt die Herrschaft über den Oberen *(Superior Pars)* Landesteil (Oberbayern), Heinrich den Unteren Landesteil. Freilich decken sich die historischen Begriffe in geographischer Hinsicht nur in Anklängen mit den heutigen Regierungsbezirken gleichen Namens. Lediglich das Umfeld der beiden sich ab 1255 herausbildenden Residenzstädte München und Landshut ist bis heute durchgehend

41

ober- bzw. niederbayerisch geblieben. Ansonsten wechselten die Grenzen und Zugehörigkeiten von Orten und Burgen quer durch die folgenden Jahrhunderte. Oberbayern umfasste im Wesentlichen den Westen des Herzogtums vom Unterinntal über die untere und mittlere Isar bis Ingolstadt und Neuburg an der Donau, also das alte Wittelsbacher Land, das Oberland und das bayerische Hochland zwischen Isar und Inn und ab 1267 das staufische Erbe am Lechrain (Pfaffenwinkel) mit Schongau und Landsberg. Niederbayern war territorial umfänglicher und bezog auch Orte und Landschaften mit ein, die heute in Oberbayern liegen, wie Erding, den Chiemgau, Bad Reichenhall und Burghausen. Eine Geschichte Oberbayerns (in den heutigen Grenzen) muss also auch diese niederbayerischen Ländereien berücksichtigen.

Unruhige Südostgrenzen

Das größere Los hatte ohne Zweifel Heinrich gezogen. Sein „Unterland" war nicht nur umfangreicher, sondern verfügte über eine Reihe echter Städte: Landshut, Burghausen, Landau, Vilshofen, Straubing, Dingolfing, Deggendorf und dazu das wortwörtlich „reiche Hall" (Reichenhall). Der Niederbayer geriet jedoch von Anfang seiner Regentschaft an in schwere Konflikte mit den Nachbarn jenseits des Inns und der Salzach. Dort herrschten mit dem Erzbischof von Salzburg und dem Bischof von Passau geistliche Territorialherren. Sie erhoben nicht nur Anspruch auf die bischöfliche Leitung ihrer Schäfchen, sondern ganz handfest auch die weltliche Herrschaft. Kaiser Friedrich II. hatte die geistlichen Fürsten 1220 – noch vor der Privilegierung der weltlichen Fürsten 1232 – zu quasi unabhängigen Reichsfürsten erhoben. In Erzbischof Eberhard II. von Salzburg (1200–1246) erwuchs den Herzögen der erste Gegner in einer Reihe von machtbewussten Fürstbischöfen, die ihnen erfolgreich Paroli boten. Laufen in der Salzachschleife und Tittmoning waren seit jeher, schon im 8. Jahrhundert, feste salzburgische Bollwerke (1242: *Oppida Nostra*). Mit dem Erwerb der Grafschaft Lebenau 1229, zu der Waging, Tettelham und Teisendorf mit der Burg Raschenberg gehörten, rundeten die salzburgischen Fürstbischöfe ihren linksufrigen

Salzachgau ab. Für diesen schönen Landstrich kam im 19. Jahrhundert der Begriff „Rupertiwinkel" auf, benannt nach dem Salzburger Kirchenpatron. Schon kurz nach seinem Regierungsantritt begann Heinrich, die Burg zu Burghausen zu einer mächtigen „Gegenburg" zum salzburgischen Tittmoning auszubauen. Die zwei oder drei Tagesreisen von Landshut entfernte Grenzfeste eignete sich gut als zweiter Regierungssitz in Niederbayern. Die städtische Flusssiedlung am Burgfelsen erhielt 1275 das bayerische Salzstapelrecht und sicherte sich damit umfangreiche Zolleinnahmen.

Frühe Herzöge von Oberbayern

Weniger raumgreifend verfuhr der oberbayerische Herzog Ludwig der Strenge. Seinen Beinamen verdankte er übrigens einem Unrechtsakt gegenüber seiner Gattin Maria von Brabant, die er vermeintlicher Untreue halber köpfen ließ. Zur Sühne stiftete er 1258 das Zisterzienserkloster Fürstenfeld an der Amper als herzogliches Hauskloster.

In seinem Oberen Ländchen gab es nur wenige Städte, die über die Stellung eines Marktfleckens hinausragten: Aus vorwittelsbachischer Zeit stammten die Burgsitze Ingolstadt, Vohburg und Neuburg an der Donau, Wasserburg am Inn, (Reichen-)Hall und Landsberg am Lech. Als wittelsbachische Neugründungen des 13. Jahrhunderts folgten die Städte Aichach, Neuötting, Weilheim, Erding und Schongau. Märkte, die aber im 14. und 15. Jahrhundert zu Städten aufsteigen sollten, finden wir in Pfaffenhofen an der Ilm und in Schrobenhausen. An Märkten mit überregionaler Bedeutung sind Wolfratshausen, Bad Aibling, Dachau, Dorfen, Bad Tölz, Rosenheim, (Fürstenfeld-)Bruck und Trostberg zu nennen, dazu nördlich der Donau Kösching und Gaimersheim. Unter klösterlicher Herrschaft standen die Märkte Holzkirchen, Ebersberg und Murnau. Adelige Marktgründungen waren Miesbach und Haag. Im damaligen „Unteren Bayern" lagen die heute oberbayerischen Orte Traunstein, Moosburg (1331 Stadt), der wittelsbachische Markt Neumarkt(-St. Veit), und der Klostermarkt Geisenfeld. Bischöflich-salzburgische Städte waren Laufen, Mühldorf (1239 Stadt) und Tittmoning.

Oberbayern war jedenfalls nicht in dem Masse urbanisiert wie der andere Herrschaftsteil. Lag das etwa daran, dass Ludwig der Strenge sich voll und ganz auf den Ausbau seiner neuen oberbayerischen Hauptstadt München konzentrierte? In der Tat erfährt die Isarstadt gerade während seiner Regentschaft einen gewaltigen Aufschwung. Der Alte Hof, die herzogliche Stadtburg, avancierte zur landesfürstlichen Residenz, zum ständigen Verwaltungssitz des Herrschers und seines Hofstaats und zum Wohnort seiner Familie. Bei der Fertigstellung der zweiten Stadtmauer Münchens um 1335 zählte die Kommune rund 13 000 Einwohner und war zu einer Großstadt des Römisch-Deutschen Reiches geworden. Die politischen Fäden für Oberbayern liefen in der Hauptstadt München zusammen, wo sich Zentralbehörden mit akribischem Schriftverkehr, Akten und Rechnungen herausbildeten.

Der „Oberbayerische Rittertag von Schnaitbach" 1302

Auf dem Oberbayerischen Rittertag von Schnaitbach bei Aichach (1302) wird „Oberbayern" zum ersten Mal als selbstständige politische Körperschaft sichtbar. Der Landadel setzte dort den ersten Markstein zu einer ständischen Verfassung. Im 14. Jahrhundert entstand zusammen mit den Landständen der geistlichen Prälaten und den Vertretern der Städte und Märkte der oberbayerische Landtag. Durch Steuerbewilligung und -verweigerung kam ihm gegenüber den Landesfürsten durchaus Macht und Einfluss zu. Der Adel setzte z.B. durch, dass er in seinen Hofmarken (Grundherrschaften) *Immunität* genoss, also unabhängig von der herzoglichen Verwaltung sei, das Hochgericht ausgenommen. Diese Bestimmung galt bis 1848. Auch in Oberbayern war das wirtschaftliche, soziale und kulturelle Leben des einfachen Landvolkes in entscheidender Weise von der hofmärkischen Obrigkeit bestimmt, die man überwiegend als „wohlwollend–patrimonial" bezeichnen darf. Hofmarksherren waren Adelige, der hohe Klerus und seit dem 16. Jahrhundert meist städtische Patrizier. Den Gang des zunehmenden „typisch bayerischen" Behördenstaates vermochte die Hofmarksordnung freilich nicht aufzuhalten.

Herzog, König und Kaiser: Ludwig der Bayer

Die erste Herrschaftsteilung endete, da insgesamt fünf Nachfolger auf ihre Erbrechte pochten, erwartungsgemäß in Konfusion. Interessant ist, dass sich im oberbayerischen Teilherzogtum neben München nun Ingolstadt als weiteres Herrschaftszentrum herauskristallisierte. Dort wirkte Ludwig – es ist der spätere Kaiser Ludwig der Bayer –, der wahrscheinlich 1283 geborene Sohn Ludwigs des Strengen und dessen dritter Gattin Mathilde von Habsburg. Als Jüngerer musste er 1310 seinem Bruder Rudolf, der in München weiter residierte, weichen, erreichte aber die Teilung der Einkünfte zwischen beiden oberbayerischen – nun münchnerischen und ingolstädtischen – Herrschaftsbezirken. Mit der weiteren Unterteilung der ursprünglich zwei Teilherzogtümer Ober- und Niederbayern war damit ein staatsrechtlicher Vorgang in Szene gesetzt worden, der die Gefahr der Zersplitterung in sich trug. Ein zukunftsweisendes Geschick bestimmte Ludwig im Jahr 1312 zum Rechtsnachfolger in Niederbayern. In dieser Eigenschaft geriet er gleich mit den rivalisierenden Habsburgern – und nicht zu vergessen, auch mit den Salzburgern – in Konflikt. In zwei berühmten Schlachten – 1313 bei Gammelsdorf in der Nähe von Moosburg und 1322 in Ampfing bei Mühldorf – besiegte er seine Gegner. Beide Treffen, in welchen es übrigens betont „ritterlich" zuging, hatten gewaltige Konsequenzen für Oberbayern. Bei Ampfing geriet fast die gesamte erzbischöflich-salzburgische Ritterschaft in Gefangenschaft und musste gegen Urfehde schwören, nie mehr gegen Bayern die Waffen zu erheben. Das Lösegeld, das der Salzburger Erzbischof für ihre Freilassung zu zahlen hatte, lähmte für das nächste Jahrhundert jeglichen salzburgischen Einfluss an der Salzach und im Chiemgau. Und weiter wusste Ludwig, dass diese Siege nur mit den städtischen Kriegsaufgeboten – vorweg Münchens – möglich gewesen waren. Als deutscher König privilegierte er seit 1314 tatkräftig das Bürgertum und erwählte sich als Kaiser 1328 München zur Hauptstadt des Römisch-Deutschen Reiches. Seine Residenz bezog er im Alten Hof, der alten oberbayerischen Herzogsburg.

In der Schlacht von Ampfing (Mühldorf) besiegte Ludwig der Bayer 1322 seine österreichischen Rivalen. – Fresko in den Münchner Hofgartenarkaden von Peter Cornelius, 1829.

Der Kaiser scheint überhaupt Oberbayern für sein Stammland gehalten zu haben. Nur so ist zu erklären, dass der Herrscher, welcher ja wahrlich in alle internationale Probleme der Zeit involviert war, sich so intensiv um dieses Ländchen kümmerte. Nicht nur Städte wie Ingolstadt und Landsberg kamen in den Genuss weiterer Vorrechte, auch die Klöster, namentlich Tegernsee, Benediktbeuern, Vogtareuth, Bernried und Beyharting erhielten das Hofmarkprivileg. Mit der Gründung des Klosters Ettal (1330) hat sich Ludwig der Bayer ein bleibendes Denkmal geschaffen.

Der Hausvertrag von Pavia (1329) und seine Folgen

Ludwig der Bayer bewies zwar in seiner Städtepolitik Weitblick – München stieg unter ihm zur Großstadt auf – und verfocht eine durchaus in die Neuzeit weisende Geistesrichtung, doch der Hausvertrag von Pavia, in welchem Ludwig der Bayer 1329 das wittelsbachische Erbe geregelt hatte, ist noch ganz ein Zeugnis „mittelalterlichen, dynastischen Denkens". Erneut stand der Teilungsgedanke im Vordergrund, nicht nur im Landbesitz, sondern auch in Zolleinnahmen. Die beträchtliche Hausmacht, die der Kaiser erworben hatte, zerrann auf diese Weise nach seinem Tod. Sechs Söhne waren es diesmal, die sich am Erbe schadlos hielten. Auf den ersten Teilungsvertrag von Landsberg (1349) folgten weitere innerfamiliäre Abmachungen, welche die Übersicht über die Besitzverhältnisse auch für Historiker kompliziert machen, zumal einige Seitenlinien bald ausstarben. Ludwigs zweiter Sohn Stephan II. (Beiname: *„mit der Hafte"*, womit eine „Haar-Spange" gemeint war, mit welcher der Herr offenbar seine Glatze zu überdecken pflegte) vereinigte von 1363 bis 1375 wieder Ober- und Niederbayern, doch seine Nachfolger konnten sich auf keine gemeinsame Regierung einigen.

Dies hatte 1392 die wohl folgenschwerste Teilung zur Folge. Nicht genug, dass Ober- und Niederbayern wieder getrennte Wege gingen, wurde nun auch Oberbayern selbst in zwei territorial stark zerrissene Teilherzogtümer gespalten! Johann II. residierte in München, Stephan III. (Beiname *„der Kneißl"* im Sinne von „Geck", oder „Stenz") zog nach Ingolstadt. Von einer durchgehenden Landgrenze konnte dabei keine Rede sein. Die Herrschaftsgebiete waren in sich unzusammenhängend, was zu zahlreichen Konfliktpotenzialen führte. Zum Bereich Ingolstadts gehörten z. B. Ebersberg und Wasserburg, während die Münchner Herzöge über Teile der Oberpfalz geboten. Hatte man bis dahin noch gemeinsam die zahlreichen Gegner bekämpft – Habsburger und Salzburger vorab –, so konnte es bei drei „Teilherzogtümern" nicht ausbleiben, dass eines sich immer hintangestellt sah. Von der formelhaften Vereinbarung *„brüderlich und freundlich miteinander verbunden zu bleiben"*, blieb nichts mehr übrig.

Der „Große Bairische Hausstreit" (1420–1422)

Den „Großen Bairischen Hausstreit" nannten die Chronisten die Auseinandersetzung zwischen den drei rivalisierenden bayerischen Herzögen Ludwig im Bart von Ingolstadt, Heinrich dem Reichen von Landshut und den gemeinsam in München regierenden Ernst und Wilhelm während der Jahre 1420 bis 1422. Der Erbfolgestreit war die Folge der 1392 vollzogenen, nach 1255 und 1349 mittlerweile dritten Teilung der bayerischen Lande, wodurch drei sich durch allerlei gegenseitige Rechtsansprüche gegenüberstehende bayerisch-wittelsbachische Herrschaftsbereiche geschaffen wurden.

Herzog Ludwig von Ingolstadt (1413–1447), seines modisch geschnittenen Bartes halber „im Bart" oder „der Bärtige" genannt, war ohne Zweifel der diplomatisch Versierteste und auf dem internationalen Parkett Gewandteste der bayerischen Vetternschaft. In seinen Mitteln zur Machterhaltung zeigte er wenig Skrupel. Um ein zusammenhängendes Territorium zu schaffen setzte er entweder Geldmittel zum Kauf von Ländereien und Burgen ein, ließ seine an römischem Recht geschulten Juristen Gebietsansprüche formulieren oder griff gleich handstreichartig zu den Waffen. Als Vertreter der ältesten wittelsbachischen Linie fühlte er sich als *Primus inter pares* und verfolgte hartnäckig das Ziel, das geteilte Bayern unter seiner Regie wieder zu vereinen. Das Herzogtum Ludwigs bestand aus dem Ingolstädter Kerngebiet und ansonsten aus kleinen Regionen und Länderfetzen, die sich über das ganze Bayern erstreckten und von Landshuter oder Münchner Gebiet umgeben waren. So kam es, dass sich benachbarte Orte wie Schrobenhausen und Pfaffenhofen, Wasserburg und Rosenheim, Kufstein und Marquardstein plötzlich feindlich gegenüberstanden.

Nicht weniger profiliert, aber doch um einiges provinzieller, „gotischer", tritt uns sein Landshuter Rivale Heinrich (1393–1450) entgegen. Auch er bediente sich schon neuzeitlicher Methoden in der Staatsverwaltung, besonders bei den Finanzen, was ihm den Beinamen *„der Reiche"* einbrachte. Hingegen waren die in München residierenden Brüder Ernst (1377–

1438) und Wilhelm (1397–1436) noch Repräsentanten des späten Mittelalters. Sie hatten es auch am schwersten, ihre herrscherliche Macht zu demonstrieren, mussten sie doch auf die Bürgerschaft der Stadt München, die gerade in dieser Zeit zu einer Großstadt heranwuchs, Rücksicht nehmen.

Vermengt war der dynastische, innerwittelsbachische Krieg, der 1420 aufflammte, mit einer Unzahl kleinerer Fehden der landständischen Ritter untereinander und mit dem schwelenden innerstädtischen Bürgerkrieg der Zünfte gegen die Patrizierschaft in München. Der landsässige Adel schloss sich zu verschiedenen Ritterbünden zusammen, um seine Privilegien gegen die Herzogsgewalt, gleich welcher Linie, zu verteidigen.

Die Schlacht bei Alling 1422

Der *„kleine"* oder *„tägliche Krieg"* mit seinen Plünderungen und Brandschatzungen forderte zu Beginn des 15. Jahrhunderts viele Opfer unter der Landbevölkerung und ließ hunderte von Dörfern in Flammen aufgehen. Die Entscheidung folgte erst 1422 in der Schlacht von Alling nördlich von Puchheim. Hier besiegten die Münchner Herzöge im Verein mit den Münchner Bürgern ihren alten Erzrivalen Ludwig im Bart, der daraufhin seine Machtstellung aufgeben musste. Erstaunlich: Der Überlieferung nach forderte das *„gar resche Schlagen"* nur ein einziges Todesopfer. Die Münchner „Spießbürger" trieben die schwer gerüstete gegnerische Ritterschaft in die Ampersümpfe, wonach die Herren froh waren, wieder herausgezogen zu werden, wenn auch als Gefangene.

Aber nicht etwa die Münchner Herzöge, sondern der Landshuter Herzog Heinrich der Reiche setzte sich in den Besitz des Ingolstädter Teilherzogtums. So entstand die kuriose Situation, dass Teile des „echten" Oberbayerns wie Ingolstadt, Aichach, Schrobenhausen und Wasserburg, nun von Landshut aus regiert wurden. Allerdings nicht zu ihrem Schaden – ganz im Gegenteil. Denn die drei „Reichen Herzöge" von Niederbayern (Heinrich XVI. reg. 1393–1450; Ludwig 1450–1479 und Georg 1479–1503) hatten viel von ihrem „modernen" Vetter Ludwig im Bart gelernt, umgaben sich mit klugen, humanistisch gebildeten Räten und betrieben eine sachliche Innen-

politik. Effektive Verwaltung, sparsame, auf Konto- und Buch-
führung beruhende Haushaltspolitik und die Förderung von
Handwerk und Handel ließen das Land aufblühen. Kaufleute
aus aller Herren Länder fühlten sich *wie in einem Rosengar-
ten"*. Der Staatsschatz im Burghauser Burgturm wuchs bald zu
sagenhaften Dimensionen an. Er wurde nicht nur für Spektakel
wie die Landshuter Hochzeit (1475) verwendet, sondern auch
für die Gründung der ersten bayerischen Landesuniversität in
Ingolstadt (1472).

Universität Ingolstadt

Herzog Ludwig folgte dem Rat seines Kanzlers Martin Mair und
führte den Gedanken seines Onkels Ludwig im Bart zur Gründung
einer Universität zu Ende. Im Stiftungsbrief vom Juni 1472 ist von
der notwendigen Geistesbildung der Jugend die Rede und davon,
dass auch und gerade Söhne *"von nider gepurt und herkomen"*
Zutritt hätten. Schon im ersten Jahr unterrichteten 12 Professoren 800 Studenten. Für das neuzeitliche Landesfürstentum wurden
Beamte, Rechtsgelehrte, Notare und Kanzlisten unentbehrlich. Der
alte Adelsstand geriet bei Hofe bald ins Hintertreffen gegenüber
den „Federfuchsern". Eine Frucht dieser Bemühungen war die
1474 erschienene Bayerische Landesordnung, die geschriebenes,
verfasstes Recht an die Stelle der tradierten feudalen Gewohn-
heitsrechte setzte.

Während das mit Ingolstadt vereinigte Herzogtum Niederbayern den Weg zum neuzeitlichen Fürstenstaat beschritt, breitete
sich im erheblich kleineren Herzogtum Oberbayern-München
eine gewisse Stagnation aus. Man hatte zwar militärisch den
Ingolstädter besiegt, war aber dann diplomatisch Heinrich dem
Reichen unterlegen. Nach dem Ableben Albrechts III., des
Frommen – des einstigen Gemahls der Agnes Bernauer –, traten 1460 in München-Oberbayern Thronprätendenten auf den
Plan, von welchen jeder die extremen Zeitläufe zu Ende des
15. Jahrhunderts verkörperte: Christoph der Starke war noch
ein Vertreter des mittelalterlichen Rittertums, ein rauflustiger
und international berühmt-berüchtigter Kreuzfahrer, der erst,
nachdem man ihn in den „Christophsturm" der Münchner

Neuen Feste gesperrt hatte, auf die Regentschaft verzichtete. Sigismund war hingegen ein feinsinniger Schöngeist. 1467 überließ er freiwillig die Herrschaft seinem jüngeren Bruder Albrecht. Oberbayern verdankt Herzog Sigismund, diesem kunstsinnigen spätgotischen Herrscher, ganz besondere Kunstwerke und Kleinodien. Die Schlosskirche der Blutenburg, der „schwebende Erker" im Münchner Alten Hof und die Vollendung der Münchner Frauenkirche gehen auf ihn zurück.

Albrecht der Weise und das Gesetz der „Primogenitur" von 1506

Albrecht IV., der 1467 die Alleinherrschaft in München-Oberbayern antrat, war wiederum von ganz anderer Art. Er repräsentierte das Herrschertum der neuen Zeit, hatte als erster Wittelsbacher selbst eine universitäre Ausbildung im Römischen Recht erhalten und umgab sich mit ausgewiesenen Räten und Experten. Die bürgerlichen Tugenden der Rationalität und kaufmännisches Rechnungswesen hielten nun auch in München Herzogshof Einzug. So übertrug der Herzog dem Münchner Kaufherren Heinrich Barth 1492 den Bau der Kesselbergstraße zwischen Kochel- und Walchensee. Damit bestand eine direkte Verbindung von München nach Mittenwald, wo die Venezianer ihre Waren feilboten. Als „Intellektueller" auf dem Thron wurde Albrecht erst vom Adel als „Schulmeister" verspottet, doch dann, als der Herzog die aufmüpfigen Ritterbünde energisch niedergeworfen und ihre Burgen gebrochen hatte, gefürchtet. Gelehrte, Bürger und Bauern dankten ihm mit dem Beinamen „Albrecht der Weise".

Die Einheit Bayerns war all den Erbteilungen zum Trotz niemals vergessen worden. In Albrecht dem Weisen erkannte man in den Landständen schon früh den zukünftigen Alleinherrscher. In ganz Bayern mehrten sich gegen Ende des 15. Jahrhunderts Stimmen, dass mit den unseligen Landesteilungen und dem verwandtschaftlichen Gezänk auf dem Rücken der Städte, Märkte und Dörfer endlich Schluss sein müsste. Geistlichkeit, Hochadel, das selbstbewusste Stadt- und Handelsbürgertum und ganz besonders die neue Schicht der Gelehrten und Beamten forderten die Wiederherstellung der Einheit des Landes unter einem starken Regenten.

Doch was tat sich in Niederbayern-Ingolstadt? Georg der Reiche, der 1475 in der überschwänglichen Landshuter Hochzeit mit der Königstochter Jadwiga (Hedwig) von Polen-Litauen in den europäischen Hochadel eingeheiratet hatte, besaß „nur" Töchter und ihm entging nicht, dass mit dem landesweit geforderten „Alleinherrscher" nur sein Münchner Vetter Albrecht gemeint sein könnte, der in der Tat zielsicher darauf hinarbeitete und dazu mit mehreren legitimen Söhnen zur Erbfolge ausgestattet war. Als Herzog Georg seine Erbtochter Elisabeth mit der pfälzischen Linie der Wittelsbacher verbunden hatte und entgegen den Hausverträgen seinen Schwiegersohn Rupprecht von der Pfalz als Landes- und Herrschaftserben präsentierte, kam es 1503 zum Kampf mit Albrecht dem Weisen von München.

Eine Kriegsfurie überzog Oberbayern, wie es dieses Land noch nicht erfahren hatte. Siegmund Riezler sprach in seiner 1889 erschienenen grundlegenden „Geschichte Baierns" vom *frevelhaften Krieg"*. Der Adel neigte den „Pfälzischen" zu, Märkte und Städte – vorab München und Ingolstadt – hielten zu Herzog Albrecht, die Prälaten blieben gespalten. Als die Landshuter Thronprätendenten Rupprecht und Elisabeth kurz hintereinander an einer Seuche starben – ein schon den Zeitgenossen „merkwürdiger" Zufall – klang der „Landshuter Erbfolgekrieg" ab.

Verlust des „Lands im Gebürg"

Im habsburgischen Kaiser Maximilian I. hatte Albrecht IV. einen eher unheimlichen Verbündeten gefunden. Denn der „letzte Ritter" ließ sich seine Militärhilfe teuer bezahlen. Der Münchner Herzog bekam zwar mit einigen Abstrichen das Landshuter und Ingolstädter Erbteil, musste aber dem Kaiser, d. h. dem Hause Habsburg, die Ämter Kufstein, Rattenberg und Kitzbühel für immer abtreten. Tirol, das ehedem bayerische *Land im Gebürg"* war damit 1505 in seiner Gänze österreichisch-habsburgisch, und das bayerische Unterinntal ist zur Grenzlandschaft geworden.

Das „alte" Bayern war somit wieder vereinigt und stellte eine kompakte Landmasse dar. Albrecht der Weise erließ im Juli 1506 mit Zustimmung der „Landschaft" (Landstände: Adel, Prälaten, Städte) das Primogeniturgesetz und legte definitiv fest, dass allein dem Erstgeborenen *(Primogenitus)* das Fürstentum und die Regentschaft als Erbe zufallen sollten. Jüngere Brüder wurden künftig mit Titeln, Bischofsthronen, Renten oder Pfründen abgegolten. Doch so ganz ohne „bayerntypische" Teilung kam man auch diesmal nicht aus, wenn auch in kleinem Format. Denn der Kölner Schiedsspruch von 1505, der den Erbfolgekrieg beendete, hatte die unterlegene Partei ebenfalls berücksichtigt. Der Kaiser gliederte Neuburg an der Donau aus und richtete hier für die pfälzisch-wittelsbachische Linie ein kleines Fürstentum „Junge Pfalz" ein, das als Pfalz-Neuburg in die Geschichte einging.

Bilanz des Späten Mittelalters

Politisch gesehen mag die 250-jährige Periode der Herrschaftsteilungen, „bairischen Unfrieden" und Bruderkämpfe von 1255 bis 1505 uns als eine Zeit der Wirren erscheinen, doch sollten die Vorgänge in ihrer Konsequenz nicht überbewertet werden. Historiografen neigen seit jeher dazu, nur das Spektakuläre und vermeintlich Gewaltige zu verzeichnen und den stillen Lauf der Geschichte zu vernachlässigen. Die kulturelle Einheitlichkeit des Landes blieb jedenfalls bewahrt und das Landvolk wurde mehrenteils von den großen Zeitläufen überhaupt nicht tangiert. Da auch das Recht und die Abgabenlast nicht differierten, war es den Untertanen weitgehend gleichgültig, unter wessen Herrschaft sie gerieten.

Eine erstaunliche Tatsache ist es nämlich, dass gerade in diesen spätmittelalterlichen Jahrhunderten eine spätgotische Blüte in Baukunst, Bildender Kunst und Malerei zu beobachten ist. Die entwickelte Geldwirtschaft in den Städten und reichen Märkten bildete dazu die Grundlage. Ingolstadt, Vohburg und Burghausen, wie auch Straubing in Niederbayern, zehren noch heute von der baulichen Substanz jener Tage. Und auf dem

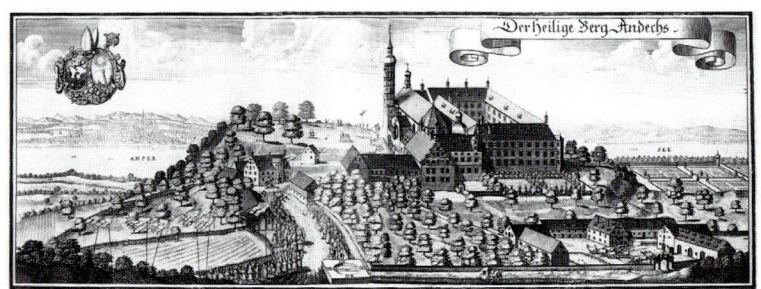

Kloster Andechs, ursprünglich Burg der Grafen von Andechs, wurde im 15. Jahrhundert im gotischen Stil ausgebaut. – Kupferstich von Michael Wening, 1701.

Lande entstanden gerade damals allenthalben gotische Dorf-kirchen mit reicher Ausstattung und ihren charakteristischen Spitzdächern. Der Verweis auf die Kirchen von Pipping und Rabenden und auf die Streichenkapelle an der tirolischen Grenze muss hier genügen.

Spätgotische Residenzkultur

Kann es sein, dass gerade die Zeit der Teilungen und der Kleinräu-migkeit eine besonders produktive Residenzkultur hervorgebracht hat, indem jedes Teilfürstentum versuchte, sich nach außen und innen künstlerisch prächtig zu präsentieren und die anderen an Prunk und Protz möglichst zu übertreffen?! Dass die ökonomi-schen, gesellschaftlichen und kulturellen Entwicklungen, wie Benno Hubensteiner meinte, im kleinräumigen Ober- und Nieder-bayern schneller laufen mussten als in größeren unüberschaubaren Räumen. Man kann sich des Eindrucks jedenfalls nicht erwehren, wenn man die Münchner, Ingolstädter und Landshuter Hofhaltun-gen betrachtet.

Die Rentämter München und Burghausen

Aufgrund der Primogeniturordnung von 1506 wandelte sich das Herzogtum Bayern zu einem einheitlichen und unteilbaren Staatswesen mit einer deutlichen Tendenz zum Zentralismus. Münchens Stellung als „fürstliche Haupt- und Residenzstadt" war seit dem 16. Jahrhundert unbestritten. Hier bauten die Herzöge ihre spätmittelalterliche „Neue Feste" zur glanzvollen Renaissance-Residenz aus. Geheimer Rat, Hofrat, Hof- und Landgericht, Hofkammer, Geistlicher Rat und Hofkriegsrat mit all ihren Unterbehörden nahmen in München ihren ständigen Sitz ein.

Die Begriffe Ober- und Niederbayern blieben in der Kanzleisprache weiterhin gegenwärtig. Der neue Territorialstaat gliederte sich zwar in die vier Rentämter München, Burghausen, Straubing und Landshut, doch achtete der landsässige Adel darauf, dass München und Burghausen das ehemalige „Fürstentum Oberbayern" repräsentierten, genauso wie Straubing und Landshut „Niederbayern". Die Rentämter stellten eine Art Mittelbehörde dar, für die im 17. Jahrhundert der Terminus „Regierung" aufkam. Dem Rentmeister unterstand nicht nur die Finanz- und Steueraufsicht über sein Gebiet, sondern auch die Kontrolle der Verwaltung und der Justiz, die in den untergeordneten Land- bzw. Pfleggerichten ausgeübt wurde.

Die Umrisse der neuzeitlichen Rentämter folgten nicht mehr den alten dynastischen Grenzen der Teilherzogtümer, sondern verwaltungstechnischen Gesichtspunkten. Sollte der Hof jedoch beabsichtigt haben, die Namen Ober- und Niederbayern im neuen Territorialstaat offiziell nicht mehr zu gebrauchen, um jeglichen Anklang an die unseligen Erbteilungen zu vermeiden, so war dem kein Erfolg beschieden. Der Adel beider „Fürstentümer" hielt an der Unterscheidung fest und achtete auf strikten regionalen Proporz in der Verwaltung des Gesamtstaates und in der „Landschaft". Unser Raum wird bis ins

18. Jahrhundert von den Rentämtern München und Burghausen eingenommen, die aber weder mit dem spätmittelalterlichen noch dem modernen Oberbayern deckungsgleich sind. Die reinen Regionalbegriffe Oberland und Unterland blieben freilich in der Bevölkerung weiterhin im Sprachgebrauch.

Zentrale Orte

Welche Auswirkungen hatten die Einigung Bayerns und die Ausbildung des Fürstenstaates auf die Region Oberbayern? In erster Linie fokussiert sich der Blick nun auf München. Die zweite Residenzstadt Oberbayerns, Ingolstadt, verlor an Glanz zugunsten der neuen Hauptstadt. Allerdings ging der Bedeutungsverlust nicht so schnell einher wie im Fall Landshuts, das bald in eine Art Schattendasein versank. Ingolstadt beherbergte ja die berühmte Universität, in welcher in der Reformation zahlreiche Streitgespräche und Disputationen mit Widerhall in ganz Europa stattfanden. Auch blieb dem fürstlichen Hofkriegsrat die günstige strategische Lage Ingolstadts nicht verborgen. Hier kreuzte sich die Donaustraße mit der Heerstraße von Frankfurt über Nürnberg nach München. Die Donau galt als wichtige Defensionslinie. Die Landesfestung Ingolstadt sollte die Münchner Residenz und die fruchtbaren Gefilde südlich der Donau schützen: *„München soll mich nähren, Ingolstadt mich wehren"*, hieß es beim Münchner Hof. Von 1537 bis 1549 warf man um die alten Stadtmauern und das Schloss einen mächtigen Befestigungsring auf. Die Stadt war zur stärksten Festung Bayerns geworden. Bis zum Wegzug der Universität nach Landshut 1800 blieb Ingolstadt eine Studierstadt und noch bis zum ausgehenden 19. Jahrhundert eine Garnisons- und Festungsstadt. Eine bemerkenswerte Kombination, fürwahr!

Burghausen, die zweite Residenz der reichen niederbayerischen Herzöge, verlor unter den Münchnern seine Eigenschaft als fürstliche Wohnstätte, avancierte aber immerhin zu einem eigenen Rentamt und Sitz des Rentmeisters. Wir müssen ja berücksichtigen, dass das heute oberösterreichische Gebiet

Der Wallfahrtsort Altötting, das geistliche Herz Altbayerns. – Lithografie von Peter Herwegen nach einer Zeichnung von Köbel, um 1870.

jenseits von Inn und Salzach bis ins späte 18. Jahrhundert bayerisch war und somit der Salzachstadt Burghausen durchaus eine Mittelpunktsfunktion zukam. Die spätmittelalterlichen Festungswerke wurden zwar nicht mehr den neuen Erfordernissen der Technik der Feuerwaffen angepasst, verfügten jedoch immer noch über furchterregende Größe und Dominanz. Als Waffenplatz, Munitionslager, Getreidemagazin und Verwahranstalt für hohe Gefangene eigneten sie sich allemal, weswegen all die Mauern, Türme und Tore notdürftig in Stand gehalten wurden. Dem Städtchen selbst garantierten die Salzfahrten noch ein gewisses Maut- und Zolleinkommen.

München duldete, man darf es wohl behaupten, keine Großstadt neben sich. Es gab auch keine mehr im Herzogtum bzw.

im späteren Kurfürstentum. Und die nächstgelegenen „echten" Städte, die alle außerhalb des Fürstentums lagen, Augsburg und Regensburg, hatten ihre Glanzzeit als Freie Reichsstädte längst hinter sich. Der Aufstieg Münchens hatte zur Folge, dass es in Bayern vom 16. bis ins 19. Jahrhundert zu keiner Städtebildung mehr kam. In Oberbayern stagnierten die kleinen Städte und Märkte oder übernahmen Nebenrollen für die Residenzstadt: Dachau und Starnberg als Sommerresidenzen, Wasserburg am Inn als „Hafen Münchens", Bad Tölz und Wolfratshausen als Holz-„Zulieferer" und Reichenhall, das ab 1504 zum Rentamt München geschlagen wurde, als bewährter Salzlieferant.

Wichtig für Oberbayern sind die geistlichen Zentren und Wallfahrtsorte. Altötting ist hier bereits für das 16. Jahrhundert an erster Stelle zu nennen. Seinen Mittelpunkt bildet das Marienbild in der Gnadenkapelle. Nachdem die Wallfahrt eine weite Verbreitung gefunden hatte, wich ab 1499 die romanische Stiftskirche einer spätgotischen Hallenkirche. Die Schatzkammer barg die Votivgaben, darunter das „Goldene Rössl", eine hervorragende französische Arbeit um 1400. Andechs mit seinen berühmten Heiltümern beherbergte seit 1455 ein Benediktinerkloster und stieg zu einem Wallfahrtszentrum für Bayern wie für Schwaben jenseits des Lechs auf. Klöster und Kirchenherren gaben Impulse für Kunst und Kunsthandwerk. Die Stadt Weilheim und der Markt Murnau lebten nicht schlecht von den Aufträgen der Klöster Ettal, Benediktbeuern und Polling in ihrer näheren Umgebung.

Konfessionelle Spaltung

Die Reformation hatte sich schon seit geraumer Zeit angekündigt. Keiner, der den Glauben ernst nahm, war mit den kirchlichen Verhältnissen der Zeit zufrieden. Kirche und Herzogtum bemühten sich zwar gleichermaßen um eine Reform an Haupt und Gliedern, vermochten sich aber aus den traditionellen Netzwerken und Verstrickungen nicht zu lösen. Neu und unerwartet erfolgten Luthers Thesen und seine in rascher Folge erscheinenden Schriften eigentlich nicht. Sie stützten sich auf das Evangelium, waren je nach Zielgruppe – Adel oder „gemeiner Mann" – glänzend formuliert und wurden durch den jüngst erfundenen Buchdruck rasch verbreitet. 1519 kamen in München die ersten Schriften Martin Luthers im Druck heraus und fanden gewaltigen Widerhall beim Adel, beim Bürgertum, und dort besonders bei den alten Ratsgeschlechtern, und nicht zu vergessen, beim Klerus selbst.

An der Landesuniversität Ingolstadt stieg Magister Arsacius Seehofer, ein Schüler Melanchthons, zum Wortführer der neuen Ideen auf. Ein wortgewandter Gegner erwuchs ihnen indes in Doctor Johannes Eck, der den gelehrten Theologenstreit zu Ingolstadt publikumswirksam in die öffentliche Diskussion führte. Des Reformators antipäpstliches und antirömisches Eintreten und seine Bevorzugung der *„teutschen Zunge"* fielen auch bei Hofe durchaus auf fruchtbaren Boden.

Herzog Wilhelm IV. (reg. 1508–1550) werden, zumindest in seinen Anfangsjahren, durchaus Sympathien für die kirchliche Neuordnung nachgesagt. Als Renaissance-Mensch zeigte er sich Neuerungen gegenüber aufgeschlossen, verfocht aber gleichzeitig den frühabsolutistischen Primat der Einheit des Glaubens von Fürst, Ständen und Volk. Diesen Anspruch sah er in einer erneuerten römischen Kirche eher zu verwirklichen als in den kursierenden *„ketzerischen Libelln und Büchlein"*. Sein Kanzler Leonhardt Eck unterstützte ihn darin staatsrechtlich und juristisch. Die fürstliche Konferenz in der Burg Grünwald im Isartal, in der 1522 zum ersten Mal dezidiert die Bekämpfung der neuen evangelischen Lehre als Staatsaufgabe formuliert wurde, war sein Werk. Allerdings, und das zeichnet Bayerns Reformwillen aus, war die Grünwalder Erklärung verbunden mit dem Auftrag, die bekannten Übelstände in den bayerischen Kirchenprovinzen (z. B. Priester-Konkubinate) durch Visitationen energisch aufzuspüren und abzustellen.

Während die Lutheraner bald aufgrund des Rückhalts mächtiger Reichsfürsten und der Reichstädte nicht mehr willkürlich verfolgt werden konnten, erging es den Wiedertäufern von Anfang an übel. Die Bewegung fand zahlreiche Anhänger auf dem Land. Bis 1528 wurden allein in München und den oberbayerischen Landgerichten 19 Täufer hingerichtet. In den nächsten Jahrzehnten blieb die religiöse Situation unklar. Auf dem Augsburger Reichstag von 1530 hatten sich die „Protestanten" endgültig formiert. Zwischen ihnen und den „Altgläubigen" entstand ein breites ideelles Zwischen- und Übergangsfeld, in welchem sich die Landstände hin und her bewegten. Wohin die breite Masse der Bauernschaft tendierte, kann für diese Zeit kaum nachvollzogen werden. Bürgerliche Kreise, Handwerker und Kaufleute sympathisierten wohl mit vielen Einzelansichten Luthers, wollten aber ihre Traditionen nicht aufgeben. Den Adel beeindruckten das Auftreten der „geharnischten" Protestanten auf den Reichstagen und ihre Unnachgiebigkeit, aber eine klare Linie entwickelten sie nicht. Die Reichstädte in und um Bayern – Nürnberg, Regensburg und Augsburg – stellten starke protestantische Bollwerke dar. Von ihnen gingen Druckschriften und Traktate ins Herzogtum und sie boten den Verfolgten sicheren Hort. Vergeblich versuchten die oberbayerischen Landrichter das sonntägliche *Auslauffen* der Untertanen zu protestantischen *„teutschen"* Predigten und *„Teutscher Tauff"* in Augsburg zu unterbinden. Mitunter kam das einer Massenwanderung ganzer Dörfer gleich. Das Herzogtum wusste sich dagegen nur mit Zensur der augsburgischen Flugschriften, Beschlagnahme deutscher Bibeln und Grenzsperrungen zu helfen.

Alles lief letztlich auf eine militärische Auseinandersetzung im Reich hin. Doch der Schmalkaldische Krieg von 1546/47 brachte keine Entscheidung. Er mündete aber letztlich in den Augsburger Religionsfrieden von 1555. Seine berühmte Formel lautet: *Cuius Regio, Eius Religio* („Wessen Land, dessen Glaube"). Das Bekenntnis richtete sich künftig nach dem Landesherrn. Für Bayern bestand kein Zweifel, dass dies das römisch-katholische sein werde.

Die Geschichte Oberbayerns folgt in den nächsten Jahrhunderten im Wesentlichen den großen Linien der bayerischen Geschichte. Eine irgendwie geartete Sonderstellung ist – mit Ausnahme der eingesprenkelten geistlichen und weltlichen Reichsterritorien, die wir im Anschluss behandeln werden – nicht festzustellen.

Oberbayern im 16. Jahrhundert. – Ausschnitt aus den „Landtafeln" des Ingolstädter Professors Philipp Apian, 1568.

Geistliche Territorien im Oberbayerischen

Trotz der Wiedervereinigung Bayerns 1505 stellte das alte Herzogtum noch keinen in sich geschlossenen Territorialstaat dar. Eingestreut lagen verschiedene geistliche und weltliche Herrschaften, die der herzoglichen Landeshoheit entzogen waren. Das Hochstift Freising mit seiner Grafschaften Werdenfels und Ismaning und den Landgerichten Ottenburg und Burgrain am Isen hatte seine Stellung als formal selbstständiges Fürstbistum erhalten. Der Freisinger Bischof besaß Sitz und Stimme im Reichsfürstenrat. Architektonisch manifestierte sich dieser Status in der Bischofsresidenz an der höchsten Stelle des Dombergs mit dem Arkadenhof von 1519, einem der ersten Renaissance-Bauten Oberbayerns. In der politischen Realität war das Hochstift jedoch weitgehend vom Herzogtum abhängig. Auf dem Bischofsthron saßen meist Angehörige des Hauses Wittelsbach, darunter auch 1448 der „Kardinal von Bayern" Johann Grünwalder, ein illegitimer Sohn Herzog Johanns II.

Um die verkehrspolitisch höchst relevante Grafschaft Werdenfels, dem *„Schlüssel zum Lande Bayern"*, wurde bisweilen heftig gestritten. Schließlich verlief die vom „Welschland" heraufführende transalpine Rottstraße von Mittenwald bis Oberau durch hochstiftisches Gebiet. Die Herzoglichen respektierten aber im Großen und Ganzen die freisingische Sonderherrschaft, behielten sich aber das Geleitrecht auf der Rottstraße vor.

Von anderem machtpolitischen Gewicht war das Erzstift Salzburg. Die Kirchenfürsten amteten als geistliche Oberhirten und weltliche Landesfürsten und verfügten über einen straff geführten Verwaltungsapparat. Die Niederlage gegen Ludwig den Bayern bei Ampfing/Mühldorf 1322 hatte ihrer Expansion zwar Schranken gesetzt, aber die Folge nach sich gezogen, dass das Erzstift von Bayern als unabhängiges *Eigenes Land Salzburg"* anerkannt wurde. Salz aus Hallein und Silber- und Goldbergwerke garantierten reiche Einkünfte. Zuerst hielten sich habsburgische und bayerische Interessen im Fürstbistum gegenseitig in Schach – was auch dessen Eigenständigkeit zu Gute kam –, dann aber erhöhte sich der österreichische Einfluss kontinuierlich. Kirchlich reichte die Diözese weit ins Oberbayerische hinein, bis zur Innlinie Rosenheim-Altötting.

Im Chiemgau bestand das Salzburger Eigenbistum Chiemsee mit Sitz auf der Herreninsel. In weltlicher Hinsicht geboten die Fürstbischöfe in unserem Raum über die Salzhandelsstädte Laufen und Tittmoning. Welche Bedeutung sie diesen Städten zuerkannten, lässt sich noch heute auf dem Marktplatz und auf dem mächtigen Traidkasten der Burg Tittmoning erahnen. Viele künstlerische Impulse gingen von der Residenzstadt Salzburg aus: In Laufen z. B. wurde 1338 die erste gotische Hallenkirche Süddeutschlands errichtet. Als allseits von bayerischen Landgerichten umgebene salzburgische Enklave vermochte sich Mühldorf gegen herzogliche Ansprüche – und bayerische Belagerungen mit Einsatz von Geschützen 1364 und 1389 – zu behaupten. Der spätgotische Haberkasten, 1996 als Kulturzentrum neu eröffnet, ist ein schönes Beispiel der Salzburger Präsenz am Inn.

Der „Salzkrieg" von 1611

Anno 1611 eröffnete sich dem bayerischen Herzog Maximilian aufgrund nicht mehr hinnehmbarer Kabalen und „Aberrationen" seitens des damals regierenden salzburgischen Fürstbischofs Wolfdietrich von Raitenau die einzigartige Möglichkeit, Salzburg in die Schranken zu weisen. Maximilian ergriff die Gelegenheit, eroberte die Burg Tittmoning, die sich vergeblich gewehrt hatte, und rückte an der Spitze seiner Truppen in Salzburg ein. Das war der Salzkrieg von 1611! In der Folgezeit ging das lukrative Monopol über die Verfrachtung des in Hallein gewonnenen Salzes über die Salzach auf den Staat Bayern über.

Wir sehen, dass ganz Südostbayern historisch und kulturell zur Residenzstadt Salzburg hin ausgerichtet war. Auch heute ist diese Tendenz durchaus noch spürbar.

Hart an der Grenze zum Salzburgischen und hoch über dem oberbayerischen Reichenhall, dabei allseits umgeben von steilen Gebirgszacken, lag das reichsunmittelbare Stift Berchtesgaden. Ende des 15. Jahrhunderts erreichte das hoch gelegene geistliche Ländchen sogar den Status einer Fürstprobstei. Zwar warfen das Herzogtum Bayern und das Erzstift Salzburg begehrliche Blicke auf den zwischen ihren Machtbereichen eingeklemmten Klosterstaat, doch keiner gönnte dem anderen die Vereinnahmung der Probstei. Nicht zuletzt deshalb vermochten die Berchtesgadener Kirchenfürsten ihre Unabhängigkeit zu bewahren. Salzgewinnung, Holzeinschlag und Erzschürfungen brachten Wohlstand. Den herrschaftlichen Mittelpunkt bildete das Chorherrenstift, eine umfangreiche Klosterresidenz, die nach und nach um das dreischiffige romanische Münster mit dem berühmten Kreuzgang herum gebaut wurde. Seit dem 16. Jahrhundert verstärkte sich der bayerische Einfluss, nachdem regelmäßig wittelsbachische Prinzen das Amt des Fürstprobsts übernahmen.

Das Bistum Eichstätt in eine Geschichte Oberbayerns zu integrieren ist nicht ganz einfach, denn kirchlich, kulturell und politisch war es nicht nach Süden, Richtung München, ausgerichtet. Eichstätt gehörte zur Mainzer Kirchenprovinz und war Mitglied des Fränkischen Reichskreises. Als zu Beginn des

Im salzburgisch-bayerischen „Salzkrieg von 1611" wurde Burg Tittmoning von den Bayern erobert.

14. Jahrhundert die Grafen von Hirschberg die Bischöfe als Erben ihrer Schirmvogtei einsetzten, waren diese auch weltliche Herrscher geworden und nannten sich Fürstbischöfe von Eichstätt. Einen mächtigen Rückhalt gegen bayerische Ansprüche fanden sie in den fränkischen Burggrafen von Hohenzollern. Das kleine eichstättische Territorium überlebte als Puffer zwischen mehreren größeren Mächten. Da keiner der Nachbarn, weder das Herzogtum noch die reichsfreie Stadt Nürnberg es wagten, einzugreifen, ohne dass sich eine gegnerische Koalition gebildet hätte, bestand das Fürstbistum ganze fünf Jahrhunderte lang bis zur Säkularisation 1803. Als Sitz der geistlichen und weltlichen Verwaltung thront über der Domstadt die mächtige Willibaldsburg.

Weltliche Territorien innerhalb Oberbayerns

Erheblich schwerer taten sich die ins herzogliche Territorium eingesprenkelten weltlichen Reichsstandschaften, ihre Unabhängigkeit zu bewahren. In Oberbayern waren das die Herrschaften Hohenwaldeck, Hohenaschau und die Reichsgrafschaft Haag. Sie mussten permanent um ihre Unabhängigkeit kämpfen, weil der Herzog und seine Staatsrechtler deren Reichsunmittelbarkeit in der Regel nicht anerkannten. Ihre Entstehung ist im politischen Zusammenhang des spätmittelalterlichen und frühneuzeitlichen habsburgisch-wittelsbachischen Gegensatzes zu sehen. Eine Konstante ist nämlich die Tatsache, dass die habsburgischen Kaiser die Privilegien für jene Kleinherrschaften immer wieder bestätigten, um ihren wittelsbachischen Rivalen „eins auszuwischen" bzw. kaiserlich abhängige Territorien innerhalb des Herzogtums – Pfähle im bayerischen Fleische sozusagen – zu schaffen. Besonders Kaiser Friedrich III. (1440–1493) erwies sich als sehr freigebig mit der Vergabe von Freiheiten und Vorrechten, zumal dies sich als lukratives Geschäft erwies. Eine weitere Konstante ist der gemeinsame Übergang dieser Herrschaften zur Reformation nach 1530. Damit fiel allerdings die habsburgisch-kaiserliche Unterstützung weg, sodass die vom gegenreformatorischen Herzogtum in Gang gesetzte mehr oder weniger gewaltsame Inkorporierung ins Rentamt München keine Schwierigkeit mehr darstellte.

Die Herrschaft Waldeck: Den Waldeckern, ursprünglich Freisinger Vögten, war es im 14. Jahrhundert gelungen, die Freisinger bischöfliche Oberherrschaft abzuschütteln. Ihren Sitz nahmen sie auf der hoch über dem Schliersee gelegenen Burg Hohenwaldeck. Unter ihrer Ägide entwickelte sich Miesbach zum bedeutendsten Viehmarkt des Oberlandes. Als die Herren von Maxlrain als Nachfolger der Waldecker das Reformationsrecht für sich in Anspruch nahmen, ließ Herzog Wilhelm V. ihren Distrikt okkupieren und 1584 die „Katholizität wiederherstellen".

Die Herrschaft Aschau: Die gewaltige Burganlage von Hohenaschau am Fuß der Kampenwand zeugt heute noch vom Wirken Pankraz' von Freyberg, eines der interessantesten Persönlichkeiten Oberbayerns in der Frühen Neuzeit. Als „Ritter und Rebell" ist er in die Geschichte unseres Landes eingegangen. Pankraz, der 1535 die Herrschaft antrat, war ein gebildeter Renaissancemensch, der sich zuerst um die wirtschaftliche Entwicklung seines Gebiets kümmerte. Auf seine Initiative hin wurde 1546 am nahe gelegenen Hammerbach eine Eisenhütte errichtet, die von den freybergischen Erzbergwerken am Kressenberg bei Siegsdorf, im Achtal und in Bergen beschickt wurde. Die Aschauer Eisenverhüttung mit wasserbetriebenem Hammerwerk war für drei Jahrhunderte das bedeutendste Metall verarbeitende Werk in Oberbayern. Es versorgte das Land mit Roheisen, aber auch mit Fertigprodukten, die in eigenen Hammerschmieden hergestellt wurden: Sensenblätter, Beschläge und Nägel aller Größen, sowie – sehr gefragt – eiserne Öfen. Erst 1879 wurde der Betrieb eingestellt. Pankraz von Freyberg ist somit der erste Vertreter des industriellen Zeitalters in Oberbayern.

Obgleich kaiserlicher Rat Karls V. wie auch Hofmarschall Herzog Albrechts V., engagierte sich der Burgherr auf Hohenaschau für die lutherische Sache. Er wusste sich damit mit vielen seiner Standesgenossen einig. Doch nach dem Schmalkaldischen Krieg (1546/47) sah die Sache für die Protestanten

Burg Hohenschau über der Prien war der Sitz des „Ritters und Rebellen"
Pankraz von Freyberg (1508–1565).

in Bayern nicht gut aus. Bei Hofe gewann die katholische Richtung mit Hilfe der Jesuiten bald wieder die Oberhand. Mit (immerhin!) 45 zu 75 Stimmen war auf dem Ingolstädter Landtag 1563 ein Antrag der Landstände an den Herzog, die Einführung der evangelischen Konfession zu prüfen, gescheitert. Auch der Versuch Pankraz', sein Herrschaftsgebiet als reichsunmittelbar erklären zu lassen, blieb vergeblich.

Die freie Reichsgrafschaft Haag ist wahrlich ein Phänomen der oberbayerischen Geschichte. Diesem Binnenländchen, das auch die Burgherrschaften Königswart und Hohenburg am Inn umfasste, gelang es nämlich tatsächlich, sich für mehrere Generationen als reichsunmittelbar und damit vom Herzogtum unabhängig darzustellen. Die Fraunberger waren sich ihrer Stellung als Reichsfreiherren und ab 1509 sogar als Reichsgrafen jedenfalls durchaus bewusst und demonstrierten durch ihre Burganlage in Haag und besonders durch den bis heute weithin sichtbaren Wohnturm eindeutig ihre „herausragende" feudale Position. Die Herzöge reagierten auf ihre Weise, in dem sie den Verkehrsknotenpunkt Haag verlegten und die Handelszüge auf die bayerischen Routen über Dorfen und Erding nach München – also um die Grafschaft herum – lenkten. Der Markt Haag ging somit seiner Maut- und Zolleinnahmen verlustig. Der letzte Reichsgraf Ladislaus (genannt Lassla) von Haag (1505–1566) war eine tragische Gestalt, der sich in Konflikten mit dem Kaiser und dem bayerischen Herzogshof aufrieb. Seine Eheverbindung brachte ihn zudem ins protestantische Lager, was Herzog Albrecht mit einem Wirtschaftsembargo und der Absperrung der Grafschaft beantwortete. Den Haager Untertanen, die zum Teil in echter Überzeugung Anhänger des Protestantismus geworden waren, erwies der Reichsgraf damit einen Bärendienst. Als unmittelbar nach seinem Tod 1566 bayerische Truppen die Herrschaft Haag besetzten, waren sie es, die sogleich ausgewiesen wurden.

Die „Junge Pfalz", das Fürstentum Pfalz-Neuburg

Nachdem sich der Pulverdampf des Landshuter Erbfolgekriegs verzogen hatte, erhob sich Bayern 1505 als geeintes, fortan unteilbares Fürstentum aus den Ruinen. Als Kompensation aber musste die siegreiche Münchner Linie der Wittelsbacher den unterlegenen wittelsbachischen Pfalzgräflichen ein kleines selbstständiges Herzogtum einräumen. So wurde durch den Schiedsspruch Kaiser Maximilians 1505 das Fürstentum Pfalz-Neuburg an der Donau gegründet. Die Donaustadt Neuburg erlebte als Residenz kulturelle Höhepunkte, denen die Schlossbauten der Renaissance und des Barock heute noch ihr Gepräge verleihen. Das neu geschaffene Hoheitsgebiet bildete kein einheitliches Territorium, sondern erstreckte sich in Streubesitz von der schwäbischen Oberen Donau bis in die nördliche Oberpfalz. Hauptstadt aber war Neuburg.

Der erste Herrscher, Pfalzgraf Ottheinrich (1502–1559), ist dort noch allenthalben präsent. Der weit gereiste Mann ließ von 1527 bis 1545 das prächtige Residenzschloss im Renaissance-Stil errichten und stattete seinen Herrschersitz verschwenderisch mit Kunstwerken – Gemälden, Gobelins, bibliophilen Büchern und Musikinstrumenten – aus. Als bekennender Protestant ließ er 1542 die Neuburger Schlosskirche zum ersten evangelischen Gotteshaus Bayerns weihen. Die Besetzung seines Ländchens und die Plünderung durch Truppen Karls V. im Schmalkaldischen Krieg 1546/47 zerstreute indes den Großteil der Pretiosen über ganz Europa. Wertvolle Bilder und Tapisserien fanden auf diese unfeine Art ihren Weg in die Münchner Residenz. 1557 verließ Ottheinrich sein Miniaturfürstentum und ging als rheinischer Kurfürst nach Heidelberg, wo noch der prachtvolle Ottheinrichsbau an ihn erinnert. Unter seinen Nachfolgern hielt mit den Jesuiten die katholische Gegenreformation in Neuburg Einzug. Seit dem Ende des 17. Jahrhunderts residierten die Pfalzgrafen, denen zwischenzeitlich noch das Niederrheingebiet mit Düsseldorf zugefallen war, zumeist auswärtig. Neuburg erlebte die folgenden Zeiten als putziges, altreichisches Zwergfürstentum mit barockisierter Residenz, Kunstkammer, Münze, Hofkirche und bezopftem

Hofstaat. Nach unendlichen innerwittelsbachischen Verzweigungen und Erbfällen kehrte das Donauländchen 1777 wieder an Bayern, mittlerweile Kurfürstentum, zurück.

Gegenreformation, Renaissance und Barock

Nach dem Konzil von Trient, das 1563 zu Ende gegangen war, stabilisierten sich die kirchlichen Verhältnisse im katholischen Sinne wieder. Gegen Ende des 16. Jahrhunderts existierten innerhalb des Herzogtums keine protestantischen Gemeinden mehr. Wer nicht konvertierte, wurde *„ausgeschafft"*, d. h. des Landes verwiesen. Die Zahl der exilierten Familien dürfte in die Hunderte gegangen sein. Ihr erstes Ziel waren die protestantischen Reichsstädte Augsburg, Regensburg und Nürnberg. Da gerade arbeitsame und urban geprägte Kreise Anhänger der Reformation gewesen waren, erlitt das Herzogtum einen nicht unbeträchtlichen Aderlass an Wirtschaftskraft. Ob in der bäuerlichen Bevölkerung „Krypto-Evangelische" weiterlebten – wie etwa in Salzburg oder in Oberösterreich – ist nicht gesichert.

Wie in den anderen Landesteilen waren auch im Oberbayerischen die Jesuiten die geistigen Wegbereiter und Vollzieher der Gegenreformation. Ihre mit allerhöchster Unterstützung und hohen Stiftungsgeldern ausgestatteten wissenschaftlichen Kollegs bestanden in Ingolstadt, München, Altötting und Burghausen. Die unter Wilhelm V. von 1583 bis 1597 errichtete Jesuitenkirche St. Michael in München gilt als das geistliche Hauptwerk der Gegenreformation in Deutschland. In jedem größeren Ort entstanden Jesuitengymnasien. Wie bereits gesagt, bestand die bayerische Gegenreformation nicht nur aus dem „Gegen", sondern auch aus einer echten katholischen Reform und einer strengen Überwachung des Klerus und der Prälaten. Auch architektonisch präsentierte sich das neue Zeitalter im modernen Baustil der italienischen Renaissance und des lichten Barock.

Selbstverständlich waren die Zeitläufe vom 16. bis 18. Jahrhundert im ländlichen Oberbayern nicht geschichtslos. Aber jener Eindruck könnte entstehen, weil sich die Hofgeschichts-

Herzog Albrecht V. mit Familie und Wappenträgern. – Detail aus dem Hochaltarbild des Liebfrauenmünsters zu Ingolstadt von Hans Mielich, 1560.

schreiber fast gänzlich auf die immer mehr an Glanz gewinnende Fürstliche Haupt- und Residenzstadt München konzentrieren. Hier tat sich aber auch Einiges: Der Fürstliche Hof hatte ganz im Sinne von beginnendem Absolutismus und Merkantilismus das Salzhandelsmonopol übernommen und die alten bürgerlichen Rechte eingeschränkt. Das Stadtregiment führte ab jetzt der Hof, der sich in der Residenz sozusagen eine eigene abgeschlossene Stadt in der Stadt schuf.

Herzog Maximilian (ab 1623 Kurfürst) kümmerte sich penibel um die Staatsfinanzen und richtete effektive Zentralbehörden ein. Bis 1616 galten in den vormaligen Landesteilen noch ober- bzw. niederbayerische Rechtsvorstellungen. Dann sorgte das einheitliche Landrecht auch für die rechtliche Zusammenfassung Ober- und Niederbayerns. Während sich der Landesfürst in einer wahren Flut von Mandaten auch noch in das – nur

Eheleuten erlaubte – Geschlechtsleben seiner Untertanen, in Kleiderordnungen und übermäßigen Biergenuss einmischte, liefen die großen Ereignisse der Welt unweigerlich auf einen Krieg hin. Bayern entwickelte sich unter Herzog, bzw. ab 1623 Kurfürst, Maximilian zum „Hort der Gegenreformation" und zur katholischen Vormacht im ganzen Reich. 1609 schloss man in München das katholische Bündnis der Liga. Sie stand der protestantischen Union gegenüber. 1618 begannen die kriegerischen Auseinandersetzungen, die erst nach 30 Jahren enden werden.

Kurfürstentum Bayern (1623)

Die ersten Siege brachten dem bayerischen Herrscher den Titel des Kurfürsten ein, eine Rangerhöhung, die ihn und seine Nachfolger in das erlauchte Kollegium der sieben (seit 1648 acht) Kurfürsten, die den Kaiser wählten, brachten. Seit 1623 besteht somit das Kurfürstentum Bayern. Unser Raum Oberbayern wird daher bis 1799 von den *kurfürstlichen* Rentämtern München und Burghausen eingenommen.

Und auf dem Lande? Die herzogliche, bzw. kurfürstliche Administration galt als streng aber korrekt. Maximilians absolutistische Staatsreform mehrte die Steuereinnahmen, ohne aber die Bauern zusätzlich zu schröpfen. Das ländliche Leben spielte sich in den Hofmarken ab. Sie wurden zunehmend von reicheren Hofbediensteten übernommen, wie bürgerlichen Räten, Hofbeamten, Obristen oder Gelehrten. Für die Untertanen änderte sich dabei wenig. Da das Hofmarksrecht die niedere Gerichtsbarkeit mit einbezog, sind wir über das Leben und Treiben der Untertanen gut unterrichtet. Ihre Sicht ging nicht über die Hofmarksgrenzen und den nächsten Markt hinaus. Nur Kirchfahrten brachten etwas Dynamik. Die Jahreszeiten und das Kirchenjahr beherrschten den Lebensrhythmus. Wer eingesessen war und sich den Verhältnissen anpasste, lebte bescheiden, arbeitete hart – zumindest außerhalb des Winters und der zahlreichen Feiertage – und war in der Fürsorge seines jeweiligen Herrn geborgen.

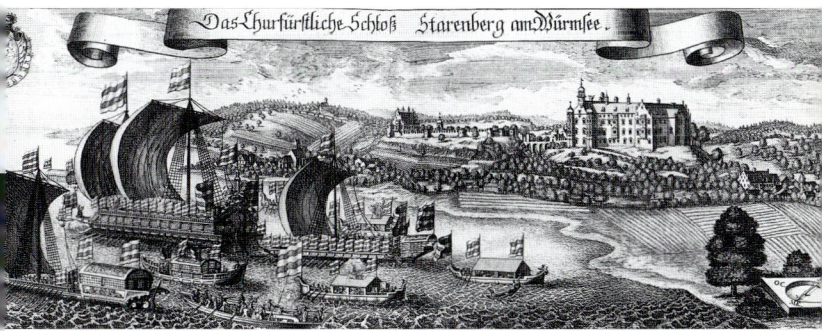

Die Kurfürstliche Lust- und Jagdflotte mit dem barocken Prunkschiff „Bucentaur" auf dem Würm-/(Starnberger-)See. – Kupferstich von Michael Wening, 1701.

Begegnungen des „gemeinen Mannes" mit Hofmarksherren oder dem kurfürstlichen Landrichter waren durchaus gegeben, der Hof – Kurfürst und Hochadel – hingegen schloss sich immer mehr nach unten von der „Canaille" ab. Die Untertanen nahmen ihre höchste Obrigkeit nur wahr, wenn sie zur fürstlichen Jagd ausritten oder Feste veranstalteten, wie die „venezianischen Ausfahrten" auf dem Starnberger See mit dem Prunkschiff *Bucentaur*. Gerade das adlige Jagdprivileg blieb ein hohes Ärgernis – einerseits weil Wild und adlige Jäger gleichermaßen die Felder heimsuchten, andererseits, weil den Bauern bei Androhung drakonischer Strafen die Eigenjagd untersagt blieb. Das Wildschützenwesen war deshalb ein reales und weit verbreitetes Problem. Bei keiner anderen rebellischen Handlung durfte man sich der Zustimmung der breiten Bevölkerung so sicher sein wie beim Wildern.

Während sich die Jesuiten um die höheren Stände kümmerten, übernahmen Franziskaner und Kapuziner die Volksmission auf dem Lande. Eine zweite Welle von neuen Ordensniederlassungen überzog im 17. Jahrhundert ganz Oberbayern. Für ihren Erhalt war gesorgt: Etwa ein Drittel aller Bauernhöfe in Oberbayern waren klösterliche Grunduntertanen.

Den eigentlichen Reichtum des Landes, der exportiert wurde, bildete immer noch das in Reichenhall gewonnene Salz. Da die dortigen Forste zur Befeuerung der Sudpfannen bereits stark gelichtet waren, wurde von 1611 bis 1619 über 80 Kilometer Entfernung eine Soleleitung nach Traunstein verlegt und dort ein großes Sudwerk errichtet. Das vom Hofbaumeister Hans Reiffenstuel konstruierte, aus hölzernen Deicheln bestehende und mit Pumpwerken versehene Röhrensystem ist eines der frühesten industriellen Denkmäler Oberbayerns. Weitere Güter waren Getreide, Vieh, Holz und Bier. Wolle und Flachs wurden in der 1679 gegründeten ersten kurfürstlichen Tuchfabrik in der Münchner Au verarbeitet.

Der Schwedenkrieg (1618–1648)

Über 120 Jahre – nach damaliger Demografie etwa vier Generationen lang – war Oberbayern von der Kriegsfurie verschont geblieben. Dann trat sie mit aller Macht erneut auf. Vergeblich versuchte zwar der siegreiche Schwedenkönig Gustav Adolf Ingolstadt einzunehmen und zog nach einer schweren Kanonade ab. Doch im April 1632 überschritt das schwedische Heer generalstabsmäßig die Donau, teilte sich in mehrere Säulen und stieß auf Augsburg und München vor. In rascher Folge fielen Aichach, Schrobenhausen, Dachau und Moosburg. Freising wurde gegen eine Kontribution von 20000 Talern *„Salva Guarda"* (Verschonung) gewährt. Die Landeshauptstadt war nicht verteidigungsbereit und öffnete den Schweden die Tore. Der Kurfürst war samt Hofstaat nach Salzburg ausgewichen. Gegen eine ungeheure Summe Lösegeld und Stellung von 42 Geiseln blieb München verschont. Der König wollte gleichwohl die Residenz mit ihren Wunderkammern *„auf Rollen nach Stockholm führen"*.

Bet Kindlein, bet, morgen kommt der Schwed

Während der König in München auf Disziplin achtete, erging es dem Lande übel. Als 1632 schwedische Abteilungen Oberammergau passierten und die Pest hinterließen, gelobten die dortigen Einwohner bei Errettung aus ihrer Not hinfort Passionsspiele abhalten zu wollen. 1634 erfüllten sie zum ersten Mal ihr Versprechen.

Landsberg öffnete 1633 seine Tore, nachdem es fünf Tage im Kugelhagel der schwedischen Artillerie gestanden hatte. Der Ortslegende zu Folge stürzten sich mehrere Jungfrauen, um den eindringenden Marodeuren zu entkommen, von dem Wehrturm, der seitdem „Jungfernsprung" genannt wurde. Obwohl eine Sage, wirft diese Überlieferung doch ein Licht auf Furcht und Schrecken dieser Kriegszeit. Besonders zu leiden hatten die Klöster Indersdorf und Andechs, wo die Feinde drei Wochen hausten, bis die Umgebung völlig leer geraubt war. Hungersnot und Pest waren die Folge. Im Isarwinkel stießen die Schweden auf Widerstand und legten aus Rache den Markt Tölz in Schutt und Asche. Nach dem vorläufigen Abzug der Schweden kamen spanische und kaiserlich-habsburgische Soldaten, die sich, obgleich Verbündete, in ihrem Auftreten kaum von den Feinden unterschieden. Dann verlagerte sich der Kriegsschauplatz wieder über die Donau. An Wiederaufbau war nicht zu denken, denn 1646 kehrten die Schweden unter ihrem Generalissimus Wrangel zurück und hausten schlimmer als zuvor.

Die Bilanz nach 1648 bot im wahrsten Sinne des Wortes ein verheerendes Bild. In manchen Regionen Oberbayerns war die Bevölkerung durch Krieg, Seuchen und Dürren um die Hälfte zurückgegangen. Landsberg z. B., im 16. Jahrhundert eine Stadt von 4000 Einwohnern, zählte gerade noch 200. Um die Ödflächen zu bebauen, warb man um Familien aus den vom Krieg verschonten Gebieten zwischen Inn und Salzach oder aus den kargen Gebirgstälern. Auch Kleinhäusler und Gütler kamen nun zum Zug. Diese innerbayerische Wanderung bot also auch soziale Aufstiegschancen, die dem verhältnismäßig raschen Wiederaufbau zugute kamen. An der „Binnenkolonisation" beteiligten sich Klöster und Stifte gleichermaßen wie die kurfürstliche Administration und einzelne Hofmarksherren. In Benediktbeuern, Tegernsee, Andechs und Fürstenfeld entstanden neue Klosterkirchen und Konventsgebäude. Es ist nämlich schon eine erstaunliche Tatsache, dass bereits kurz nach Maximilians Tod 1651 ganz Oberbayern „flächendeckend" mit Barock-Kirchen und Kapellen, Klöstern und Schlössern überzogen ist. Offenbar war noch genügend Gold und Geld vorhanden, um es mit vollen Händen „Konjunktur fördernd" auszugeben, neue Bauwerke zu errichten, Straßen anzulegen, Mühlen zu betreiben, und Handwerker und Künstler zu beschäftigen.

München: das „Deutsche Rom" und der bayerische Barock

München präsentierte sich im ausgehenden 17. Jahrhundert als „geistliche Stadt" mit zahlreichen Kirchen und 19 Klöstern. Das sprichwörtliche „Deutsche Rom" beherbergte so ziemlich alle Orden der Zeit: Vom bürgerlichen städtischen Unternehmergeist des späten Mittelalters war nichts mehr zu spüren. Der Fernhandel hatte sich auf die Weltmeere verlegt und die alten Handelsstraßen obsolet gemacht. Städte wie München, aber auch Augsburg und Regensburg fanden sich im handelspolitischen Abseits wieder. Der fürstliche Absolutismus beseitigte die bürgerliche Selbstverwaltung und riss das lukrative Salzmonopol an sich. Eine gewisse Behäbigkeit, ja „Krähwinkelei" breitete sich im Münchner Bürgerstand bis zum Beginn des 19. Jahrhunderts aus. Für den von den Untertanen streng abgeschotteten Adel galt das freilich nicht: Unter der Kurfürstin Henriette Adelaide von Savoyen hielt seit 1652 die große Welt in München und seiner Umgebung Einzug. Prachtvolle Feste, italienische Opern, triumphale Umzüge, Theater, kokette Schäferspiele und Soireen beherrschten die Szene. All die barocken Prachtbauten aufzuzählen, die unter den Kurfürsten Ferdinand Maria (1651–1679), Max Emanuel (1679–1726) und Karl Albrecht (1726–1745) errichtet worden sind, sprengt unsere Buchseiten.

Auf dem Lande wurden die strengen und düsteren romanischen oder gotischen Dorfkirchen nach und nach dem neuen Stil angepasst. Den Türmen wurden Kuppeln mit der charakteristischen Zwiebelform aufgesetzt. Große Fensterausbrüche im Kirchenschiff ließen das Licht herein und im Inneren staunte das Landvolk über eine bunte Abfolge von biblischen Szenen, vergoldeten Heiligen und lebensechten Märtyrern, dabei alles umspielt von luftigen *Putti*, die einen Vorgeschmack über das strahlende Himmelreich vermittelten. Oberbayern verwandelte sich zur Barocklandschaft, in der man, gleich wo man sich befindet, immer einen Zwiebelturm in Sichtweite hat.

Oberbayern als „Kriegs-Theatrum" der Großmächte

Politisch freilich waren die prachtliebenden Kurfürsten des zu Ende gehenden 17. und des 18. Jahrhunderts wenig erfolgreich. Unter Max II. Emanuel (reg. 1679–1726), dem wegen seiner Vorliebe für das Soldatenwams so genannten „Blauen Kurfürsten", begann die Großmachtpolitik noch viel versprechend. Er war dabei, als die Heilige Liga Wien 1683 von der türkischen Belagerung befreite und Ungarn von den Osmanen zurückeroberte. Persönlich befehligte er die Eroberung von Buda (1686) und Belgrad (1688). Die „Türkenbeute" kann man noch heute im Bayerischen Armeemuseum in Ingolstadt besichtigen.

Doch dann folgten die europäischen Erbfolgekriege. Zuerst der Spanische von 1702 bis 1714. Max Emanuels fatale Großmachtträume an der Seite Frankreichs führten in den Ruin und in eine zehnjährige österreichisch-habsburgische Besatzungszeit, die zu den schlimmsten Heimsuchungen der oberbayerischen Geschichte zählt. Dass die siegreichen kaiserlichen Österreicher sich anstatt am geflohenen Kurfürsten an seinem schutzlosen Land schadlos hielten und Millionen von Gulden von der Stadt- und Landbevölkerung erpressten, entsprach dem geltenden Feudalrecht. Auch erzwungene Quartierstellung und Fouragedienste bewegten sich im Rahmen des Kriegsrechts. Die zwangsweise Rekrutierung für habsburgische Heeresdienste allerdings stieß auf Widerspruch, zumal die beflissenen und sich sofort der neuen kaiserlichen Oberherrschaft andienenden kurbayerischen Beamten das Augenmerk der österreichischen Heeresmeister auf nachgeborene Bauernsöhne, Bauernknechte, Handwerkerlehrlinge und -gesellen und Tagelöhner richteten. Diese waren die Leidtragenden und diese waren es auch, die sich zum Aufstand von 1705 verleiten ließen. Ihre Anführer aus der bürgerlichen Schicht der Notare und Schreiber mögen von lauteren Motiven getragen worden sein, aber sie haben die Lage völlig falsch eingeschätzt. Weder die Bürger in München, noch die adeligen und geistlichen Landstände waren 1705 an einer „Insurrektion der oberbayerischen Bauern" interessiert. Die Beamtenschaft kollaborierte offen mit den Okkupanten. Und dem Kurfürsten, der in Brüssel ein neues Leben begonnen hatte, kam der Bauernaufstand, sofern er überhaupt sein allerhöchstes Ohr fand, eher degoutant vor.

„Mordweihnacht" von 1705

An Weihnachten 1705 wurden die Aufrührer, die Münchens Tore verschlossen und verrammelt vorfanden, in Sendling von österreichischen Truppen massakriert. Die Österreicher meldeten 10 000 „erlegte Rebellen" (wozu wir auch die Opfer im niederbayerischen Aidenbach zählen müssen) nach Wien. Von Ortschaften, welche die Rebellen unterstützt hatten, wie Aibling, Tölz, Erding und Markt Schwaben wurden hohe Geldsummen erpresst, um dem Abbrennen zu entgehen. Auch die Klöster Benediktbeuern und Tegernsee hatten Strafe zu zahlen, weil sich ihre Untertanen am „Rumor" beteiligt hatten. Erst 1715 rückten die österreichischen Besatzungstruppen ab. Zeitgenössisch fanden diese Vorgänge keinen besonderen Widerhall, wie sie auch in der modernen österreichischen Historiographie kaum erwähnt werden. In Oberbayern indes wurden sie im 19. Jahrhundert zum Objekt patriotischer Verklärung. Der Spruch „Lieber bairisch sterben als kaiserlich verderben" beruht auf einer romantischen Erfindung, genauso wie die zu Beginn des 20. Jahrhunderts errichteten Denkmäler des legendären „Schmieds von Kochel" in Sendling und Waakirchen.

Die Ironie der Geschichte besteht ohne Zweifel darin, dass die auf internationaler Bühne souverän handelnden Habsburger –

Karl VI. und Maria Theresia – erheblich weltoffener und aufge-
klärter agierten als die in ihrer Macht doch sehr beschränkten
Wittelsbacher. Die bayerischen Landstände warteten kühl das
Ergebnis des Ringens ab. Sollte der Wittelsbacher verlieren,
dann kam eben das Haus Habsburg an die Macht. Hauptsache
es war katholisch, und sonst würde sich für die Führungs-
schichten nicht sehr viel ändern. Dass das unvernünftige *Peuple*
dagegen ankämpfte und abgeschlachtet wurde, war seine Sache.
Man dachte damals ständisch und nicht national. Während des
Österreichischen Erbfolgekriegs wiederholte sich die Szene.
1742 überrollten die Regimenter Maria Theresias erneut das
Land von Burghausen bis München. Bis 1744 erlebte München
mehrere österreichische Besatzungszeiten. Der vom Wiener
Hof diktierte Frieden zu Füssen (1745) beendete die kurfürstlichen Großmachtträume. Immerhin blieb das Land Bayern als
souveränes Staatswesen erhalten. Eine Friedensbestimmung war,
alle Grenzfestungen zu Tirol zu schleifen. Die alte Auerburg
über Oberaudorf wurde auf diese Weise zur Ruine verwandelt.

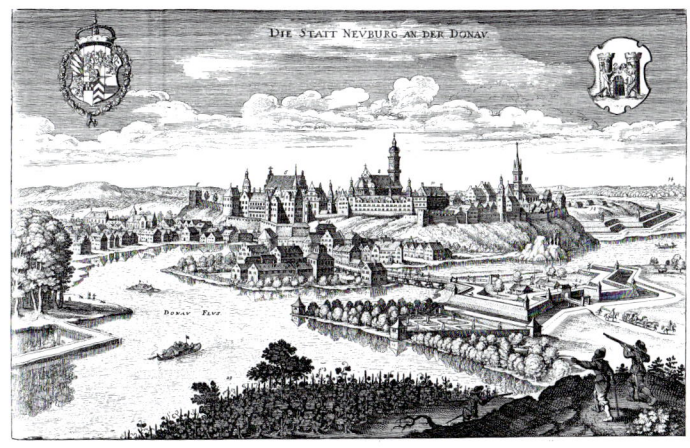

Das seit 1505 bestehende Fürstentum Pfalz-Neuburg an der Donau
vereinigte sich 1777 wieder mit dem Kurfürstentum Bayern. – Kupferstich
von Matthaeus Merian, 1644.

Die nächste Prüfung für den Raum Oberbayern stand schon nach einer Generation wieder vor der Tür. Mit Max III. Joseph starb 1777 das altbayerische Haus Wittelsbach aus. Den Hausverträgen zu Folge sollte nun die wittelsbachisch-pfälzische Linie das Erbe antreten.

Deren Vertreter, Karl Theodor, zeigte zunächst wenig Neigung, seine wohlhabenden Besitzungen Jülich und Düsseldorf am Niederrhein und in der Kurpfalz zu Gunsten des ausgepowerten und verschuldeten Bayern zu verlassen. Und Kaiser Joseph II. forderte offen den Anschluss Bayerns an das Habsburgerreich. Seine tolerante und fortschrittliche Innenpolitik fand durchaus Zuspruch in aufgeklärten Kreisen Bayerns. Dass der neue Kurfürst sich sogar auf Verhandlungen über einen Ländertausch mit dem Kaiserhaus einließ, hat seinem Ansehen zudem im Volk schwer geschadet. Doch letztlich stach die „habsburgische Karte" nicht. Zu sehr wirkten noch die drückenden österreichischen Besatzungszeiten und besonders die „hundsgemeinen" Überfälle der Tiroler auf das bayerische Oberland nach. Und Josephs II. Toleranzpatent, das Protestanten und Juden Glaubensfreiheit bescherte, wirkte auf den bayerischen Pfarrklerus und das einfache Volk eher verstörend.

Der „Alte Fritz" von Preußen salviert Bayern

Der Bayerische Erbfolgekrieg ging 1778 glimpflich aus. Man sprach vom „Zwetschgenrummel" oder „Kartoffelkrieg", weil die Soldaten mangels Feindberührung zur weitaus sinnvolleren Erntearbeit herangezogen wurden (übrigens ein erster Hinweis auf den feldmäßigen Anbau von Erdäpfeln in Oberbayern!). Im Frieden von Teschen (in Böhmen) musste Kurbayern 1779 das seit jeher bayerische Innviertel mit Schärding und Braunau an Österreich abtreten. Burghausen verlor sein ganzes rechtsufriges Hinterland und wurde buchstäblich an den Rand gedrängt. Ausgerechnet der Einspruch des Preußenkönigs Friedrichs II. bewahrte Ober- und Niederbayern vor der gänzlichen Einverleibung ins Habsburgerreich. Nicht aus Sympathie, sondern weil er dadurch die *„Balance of Power"* in Europa gefährdet sah. Oberbayern sollte dem Alten Fritz dafür ewig dankbar sein!

Absolutismus, Aufklärer und „Illuminaten"

Erst Max III. Joseph (reg. 1745–1777) versuchte wieder Reformen durchzuführen und reorganisierte die Hofkammer und die Kastenämter. Naturalabgaben und Frondienste wandelte man in Geldleistungen um, dazu wurde eine Art Vermögenssteuer eingeführt und selbst die Geistlichkeit zur Kasse gebeten. Der Handel sollte durch den Wegfall der zahlreichen Binnenzölle und Mauten gefördert werden. Sowohl die Rentämter wie auch einzelne Hofmarksherren bemühten sich um die Meliorierung der Böden und um fortschrittliche Methoden in der Forstwirtschaft und im Ackerbau und der Viehzucht. Nicht immer stießen sie in der konservativen Bauernschaft auf Gegenliebe. So musste der Anbau von Klee, Kartoffeln, Flachs und Hanf per Mandat durchgesetzt werden. Karl Theodor (1777–1799) kümmerte sich endlich um das allgemeine Schulwesen, das auf dem Lande sehr im Argen lag. Die allgemeine Schulpflicht ließ sich in der Praxis nur schwer durchsetzen.

Im Zug der Zeit lagen die Binnenkolonisierung und die Kultivierung brach liegender Flächen. Max III. Joseph ließ bereits Teile des Dachauer Mooses trocken legen. Moorlandschaften (Moose) die nicht urbar gemacht wurden, verfielen per Gesetz dem Landesherrn. Das weite Donaumoos zwischen Neuburg und Ingolstadt, ehedem sumpfiges Marschland, wurde ab 1790 durch Kanäle und Abzugsgräben in eine Landwirtschaftsfläche verwandelt. Die ersten Kolonisten ließen sich bereits 1794 nieder. Viele kamen aus der Rheinpfalz. Die Namen der Kolonistenorte Karlskron und Karlshuld erinnern noch an den Initiator der Trockenlegung, Kurfürst Karl Theodor. Auch der Anlage des Englischen Gartens in München lag der Gedanke der Bodengewinnung zu Grunde. 1789 wurde der Landschaftsgarten der Öffentlichkeit zugänglich gemacht. Von Grund auf neu gestaltet wurde das gesamte Straßenwesen in Bayern. Generalbaudirektor Adrian von Riedl (1754–1809) ließ Chausseen und Alleen anlegen. Die moderne Infrastruktur Oberbayerns geht auf seine Pläne zurück.

Das Zeitalter der Aufklärung war schon lange in Bayern präsent. Das in ganz Oberbayern überall präsente Mönchstum geriet zunehmend in die Kritik, in erster Linie die Bettelorden. Schon lange richteten Hofkammer und Rentämter ihre begehrlichen Blicke auf das riesige Vermögen der Klöster. Eine *Säkularisation* (Verweltlichung), so hieß es bereits damals, würde das Schuldenproblem mit einem Schlag lösen. Aufgeklärte Reisende von außerhalb Bayerns wurden nicht müde, die exzessive Volksfrömmigkeit mit ihren Votivgaben, den grausamen Kalvarienbergen und Wegkreuzen, die Fronleichnamszüge und religiösen Theaterstückl als Relikte des finstersten Mittelalters zu verurteilen. In Österreich hatte mit Joseph. II. 1765 ein dezidierter Aufklärer und Modernisierer den Thron bestiegen, der Klöster aufhub, Wallfahrtskirchen zusperrte und Kirchenprovinzen zerschlug. In Frankreich kündigte sich die große Revolution und das Ende des Feudalzeitalters in aller Deutlichkeit an. Und in Preußen durfte schon lange *„ein jeder nach seiner Fasson selig werden"*. Nur Bayern beharrte offiziell weiter auf seinem erzkatholischen Staatskirchentum.

Papstbesuch 1782

Auf seiner Durchreise von Wien über Altötting nach München im Jahr 1782 war Pius VI. von Kurfürst Karl Theodor gebührend empfangen worden. In Altötting und München drängte sich eine Menschenmenge um den Papst, *„dass man schier vermeinte, es möchte das Bier ausgehen"*. Die von ihm auf kurfürstlichen Wunsch eingerichtete *Nuntiatur* (päpstliche Botschaft) stieß allerdings bei den Bischöfen in Salzburg und Freising auf wenig Verständnis, fürchtete man doch um den eigenen Einfluss.

Antikirchliche und revolutionäre Geheimbünde waren hingegen in aufgeklärten Adels-, Bürger- und auch Kirchenkreisen des Spätabsolutismus *en vogue*. In Ingolstadt wurde 1776 der freigeistige Weltorden der „Illuminaten" („Erleuchteten") gegründet, dem man alle möglichen Konspirationen und Umsturzpläne in die Schuhe schob. 1785 wurde er verboten und verfolgt, seine Schriften zensiert. Für die Münchner Gesellschaft ergab sich die kuriose Situation, nach Oberföhring ins „freisingische Ausland" spazieren zu gehen, um dort die in Bayern verbotenen Schriften zu lesen. Zahlreiche Verdächtige sollen in Burghausen eingekerkert worden sein. Auch der spätere Reformminister Graf Montgelas war konspiratives Mitglied gewesen.

Eine Neue Weltordnung: Säkularisation und „Superminister" Montgelas

Mit der Französischen Revolution 1789 und dem Auftreten Napoleons (1799 Erster Konsul, 1804 *Empereur*) änderte sich das Antlitz Europas. Auch in Bayern waren die Tage der traditionellen Feudalgesellschaft und des Absolutismus gezählt. Nach 1800 wird nichts mehr so sein wie vorher. Doch zunächst griffen die Koalitionskriege auch auf Oberbayern über und verwandelten es für ein Jahrzehnt zum Exerzierplatz auswärtiger Großmächte. 1796 rückten die Franzosen zum ersten Mal ein und diktierten dem geflohenen Kurfürsten in Pfaffenhofen an der Ilm ihre Bedingungen, in erster Linie Kontributionszahlungen. Der französisch-österreichische Friedensschluss von Campo Formio ließ nichts Gutes ahnen. Österreich erhob nämlich bereits Anspruch auf das Erzstift Salzburg und bestand auf der Inngrenze zu Bayern! 1799 trat der neue Kurfürst Max IV. Joseph aus der wittelsbachischen Linie Pfalz-Zweibrücken die bayerische Regentschaft an. Die Politik bestimmte allerdings der fähige „Superminister" Maximilian von Montgelas (1759–1838), ein in französischer Rationalität geschulter Geist, der die Chancen für Bayern in einer Zusammenarbeit mit dem neuen starken Mann Europas, Napoleon, sofort erkannte. Zunächst musste jedoch Bayern noch an der Seite Österreichs marschieren. Bei Hohenlinden im Ebersberger Forst folgte im Dezember 1800 die Quittung, als die Franzosen die vereinigten Österreicher und Bayern völlig besiegten. Im darauf folgenden Friedensschluss wurden alle linksrheinischen Gebiete, darunter auch die wittelsbachische Pfalz, an Frankreich abgetreten. Trotzdem erlangte die napoleon-freundliche Richtung nun in Bayern die Oberhand.

Die französische Diplomatie hatte es nämlich geschickt verstanden, das Augenmerk der von den Gebietsverlusten betroffenen Landesherren auf all die eingesprenkelten kleinen und großen geistlichen Hochstifte und Reichstädte zu lenken. Stand deren *„Mediatisierung"* („Einebnung", Einverleibung) nicht schon seit längerem auf der Agenda aller aufgeklärten Fürsten? Überraschend schnell kam der in Regensburg am 24. März 1803 verabschiedete „Reichsdeputationshauptschluss" zustande. Bayern erhielt die geistlichen Territorien von Passau, Augsburg, Würzburg und Bamberg und u. a. die Städte Nürnberg, Regensburg und Augsburg zugesprochen. Damit nahm unser heutiges Bayern seine Gestalt an! Im Oberbayerischen waren es die Hochstifte Freising und Eichstätt, die dem bayerischen Staat einverleibt wurden.

Mit der Mediatisierung ging die Säkularisation einher. Auch sie bestand schon lange als „aufklärerische" Forderung, die nun rigoros durchgesetzt wurde. Sämtliche oberbayerischen Klöster wurden aufgehoben, ihr Vermögen eingezogen und die Gebäude, Liegenschaften und Kunstschätze an Meistbietende verkauft und verschleudert. Die Folgen der Säkularisation waren durchaus zwiespältig. Während den Bettelmönchen und den Bruderschaften niemand nachweinte, galt das für die Prälatenklöster nicht. Ihnen war die Aufklärung keineswegs fremd gewesen und sie hatten die ländlichen Gebiete mit grundlegender Wertevermittlung und Schulbildung versorgt. Der Staat vermochte in diesem Bereich für lange Zeit, bis ins 20. Jahrhundert hinein, keine entsprechenden Institutionen zu bieten. Auch war in Oberbayern ein deutlicher Teil der Bevölkerung, annähernd die Hälfte, direkt oder indirekt im Dienst der geistlichen Herrschaft gestanden. Diese hatten sich als zwar geizige, aber überzeitliche und patrimonial-wohlwollende Arbeitgeber erwiesen. Die reichen Klöster fungierten als berechenbare Kreditgeber und vergaben Zuschüsse und Sachhilfen in Notzeiten. Es sollte lange Zeit dauern, bis der Staat an ihre Stelle trat, von der sozialen Fürsorge ganz zu schweigen.

Die finanziellen Gewinne des Staates waren demgegenüber bescheiden. Da 1803 plötzlich ein Überangebot an Klosterbauten und leer geräumten Kirchen bestand, fielen die „Immobilienpreise" in den Keller. In unwürdiger Weise wurde Kulturgut an bürgerliche und bäuerliche Emporkömmlinge und

Der französische Sieg bei Hohenlinden (Ebersberg) am 3. Dezember 1800 veranlasste Bayern, auf die Seite Napoleons überzugehen. – Kupferstich von Edme Bovinet nach einer Zeichnung von François Louis Couché, 1900.

Spekulanten verhökert. Lediglich aus säkularisierten Forsten und Fischteichen klimperten ein paar Münzen in den Fiskus. Erst wir Heutigen erkennen in der Zusammenfassung von kirchlichen Kunstwerken und in der Sammlung von Manuskripten, Urkunden, Akten und Kirchenbüchern und in ihrer systematischen Aufstellung in den staatlichen Museen, Archiven und Bibliotheken und ihrer wissenschaftlichen Auswertung einen Gewinn. Es stimmt, erst dadurch wurde die moderne bayerische Historiografie, auf die wir uns auch in diesem Bändchen stützen, möglich.

Widerstand gegen Mediatisierung und Säkularisation waren zwecklos. Bayerische Beamte, von Militär unterstützt, übernahmen allenthalben die Schlüsselpositionen. Willkommen waren sie nicht überall. Aus dem ehemals freisingischen Garmisch wurde gemeldet, *„dass viele Werdenfelser noch keine bairischen Herzen haben"*. Kein Wunder, verloren doch viele „neue Bayern" ihre alten Stellungen im Umkreis der Kirche und der klösterlichen Wirtschaft.

Innerhalb einer Generation sollte sich das gesellschaftliche, politische und kulturelle Bild Bayerns in geradezu revolutionärer Weise verändern. In der vorläufigen Konstitution von 1808 war von den feudalen Ständen überhaupt nicht mehr die Rede. Die Leibeigenschaft war getilgt, der Zopf abgeschnitten! Superminister Montgelas (im Amt 1799–1817) bezog sich auf die allgemeinen Menschenrechte und die bürgerlichen Grundrechte (wie sie heute noch bestehen) und kündigte eine Volksvertretung und den Aufbau eines loyalen Verwaltungsapparates an.

Verbunden damit war das Religionsedikt von 1809, das den Protestanten Toleranz und Niederlassungsfreiheit garantierte. Schließlich bekannte sich auch die Kurfürstin und spätere Königin Karoline von Baden (1776–1841) zum Protestantismus und hatte evangelische Prediger und Hofbedienstete mit in die Residenz gebracht. Auf ihre Initiative wurden in den kriegsverwüsteten oberbayerischen Gebieten auch evangelische Kolonisten angesiedelt, wie in Groß-Karolinenfeld bei Rosenheim. Der erste bürgerliche Evangelische, der sich in München niederließ, wurde denn auch gebührend bestaunt. Vielleicht hat sein menschenfreundlicher Beruf als Gastwirt seinen Weg in die Münchner Gesellschaft geebnet.

1806: Le Royaume Bavarois

Im dritten Koalitionskrieg 1805 kämpfte Bayern auf Seiten Napoleons, der all seine Gegner besiegte. Im Oktober desselben Jahres bereitete München dem *Empereur* einen begeisterten Empfang. Als Belohnung für die Allianz erhielt Bayern vom Kaiser der Franzosen am 1. Januar 1806 die Königskrone. Bayern war Königreich, Max I. Joseph erster König.

1809 wurde wieder gekämpft. Bayern war aber nur Durchzugsland für die französischen Truppen von Ingolstadt über

Regensburg und Passau nach Wien. 1812 überspannte Kaiser Napoleon den Bogen seiner Macht, als seine aus Franzosen, Bayern und anderen Alliierten gebildete *Grande Armee* in Russland unterging. Im nächsten Jahr verließ der bayerische König das französische Bündnis noch rechtzeitig, um unter österreichischem Oberbefehl an den Befreiungskriegen teilzunehmen. Den Bündniswechsel führte nicht zuletzt Kronprinz Ludwig (der spätere König) herbei. Das Kaisertum Österreich garantierte im Gegenzug den Bayern ihre Souveränität, ihr Königtum und weitgehend ihren territorialen Besitzstand. Auf dem Wiener Kongress 1815/16 wurde dies völkerrechtlich bestätigt.

1816 einigte man sich im Vertrag von München auch definitiv über das aufgehobene Fürstbistum Salzburg, indem man die neue bayerisch-österreichische Salzach-Grenze festlegte. Die Stadt selbst und alle Gebiete östlich der Salzach fielen an Österreich, Tittmoning, Laufen, und Teisendorf an Bayern. Erst im Verlaufe des 19. Jahrhunderts bürgerte sich für diesen Landstrich der Name „Rupertiwinkel" (nach dem Salzburger Kirchenpatron) ein. Die ehemalige Fürstprobstei Berchtesgaden wurde ebenfalls endgültig Bayern zugeschlagen. Eichstätt hatte sich noch bis 1834 zu gedulden, bis es echt bayerisch wurde.

Von 1816 (bzw. 1834) ab ist Oberbayern in seinen heutigen Grenzen demnach in einem Staatswesen und geschlossenem Gebietskörper – eben Bayern – und unter einer Herrschaft vereinigt. Die Verfassung von 1818 legte den Grundstein zu einer zeitgemäßen „konstitutionellen Monarchie". Aus den Untertanen waren jetzt, *de jure*, Staatsbürger mit gleichen Rechten und Pflichten geworden.

Oberbayerns „langes 19. Jahrhundert"

Das napoleonische Zeitalter bedeutete einen gewaltigen Epochenbruch. Doch entsteht daraus im 19. Jahrhundert das moderne Bayern, dessen Entwicklung sich über mehrere Brüche und Erschütterungen im 20. Jahrhundert bis heute fortsetzt. Ein tief greifender Strukturwandel in politischer, ökonomischer und sozialer Hinsicht erfasste das Land im 19. Jahrhundert und ein gewaltiger Modernisierungsschub folgt in der zweiten Hälfte des 20. Jahrhunderts. Die zwei letzten Jahrhunderte stehen uns Heutigen am nächsten, stoßen wir doch allenthalben, auch in Oberbayern, auf Zeugnisse dieser bewegten Zeiten. Und viele Leser werden sogar ihre eigene Familiengeschichte bis in die Mitte des 19. Jahrhunderts zurückverfolgen können. Eine riesige Fülle von Quellen aller Art und Dokumenten steht nun dem Historiker zur Verfügung. Für den Autor heißt das, jetzt – noch mehr als für die vorindustrielle „Alte Zeit" – das Wesentliche der Geschichte herauszuarbeiten, die großen Linien darzustellen, die bis ins 21. Jahrhundert führen.

Revolution von oben

Im europäischen Konzert der Hegemonialmächte und Allianzen spielte das neue Königreich nur eine Nebenrolle als Mittelmacht. Mit allen Nachbarstaaten herrschte Friedenszustand. Auch mit der Römischen Kirche, deren Machtstellung durch Säkularisation und Mediatisierung schwer erschüttert worden war, gelangte man im Konkordat von 1817 zu einem Ausgleich. Eine Folge war die Neugründung des Erzbistums Freising mit Sitz in München im Jahr 1821. Ihm wurden die bayerischen Teile des Erzbistums Salzburg und des Bistums Chiemsee zugeschlagen sowie das Bistum Eichstätt unterstellt.

Die außenpolitische Ruhe ermöglichte den zügigen organisatorischen Neuaufbau, wie ihn Graf Montgelas, *„von* (alt-) *bayerischer Tradition unbeschwert"* (so Karl Bosl), in Gang gesetzt hatte. Auch nach Montgelas' Abdankung infolge ewiger Querelen mit dem Kronprinzen Ludwig 1817 lief sein Reformwerk weiter. Ein starkes Beamtentum setzte die Verfassung von 1818 durch, wobei sich der neue Staat in besonderem Maße auf Neubürger wie Franken und Pfälzer, auf Ausländer (zu denen man auch Rheinländer, Badener und Württemberger zählte) und „Nordlichter" (*vulgo* „Preußen") stützte, wobei die Letzteren besonders in der Akademie und der Professorenschaft zu finden waren. Die arg verzopfte bayerische Landeshochschule war 1800 aus Ingolstadt nach Landshut verlegt worden – aber nur, um 1826 endgültig in der Königsstadt München Fuß zu fassen.

Dass das oberbayerische Volkselement in tragendem Masse an der Neustrukturierung des Gemeinwesens beteiligt gewesen sei, kann kaum behauptet werden. Vormalig der Aufklärung verpflichtete Münchner Geistesgrößen wie Christoph von Aretin (1773–1824) oder Lorenz Westenrieder (1748–1829) erschöpften sich in Klagen über das Übergewicht „unpatriotischer", protestantischer „Nordlichter" und das zunehmende Schwinden altbayerischer Eigenart. Wenn sich schon besser gestellte Münchner und Oberbayern benachteiligt fühlten, kann man sich gut vorstellen, wie Münchner Kleinbürger und oberbayerische Bauern auf fränkisch oder gar pfälzisch sprechende Staatsbeamte reagiert haben mögen (wie auch *vice versa*). Der „*Frangge*" als pflichtbewusster und unbestechlicher Jurist, Finanzbeamter oder Zöllner ist bis heute eine unverzichtbare Figur in oberbayerischen Komödienstadeln.

In der Hauptstadtfrage des Königreichs mag kurz Regensburg, die alte „verlorene Hauptstadt Bayerns", wieder aufgeblitzt sein, doch die mittlerweile halbtausendjährige Vorrangstellung Münchens erwies sich als unerschütterlich. Allerdings musste die Stadt nun ihres vorgestrigen „altbayerischen" Wamses entledigt werden, um als Hauptstadt ganz Bayerns „neubayerisch" eingekleidet zu werden. Ein bis heute nachwirkendes Zeichen ist das 1810 ins Leben gerufene Oktoberfest auf der Münchner Theresienwiese, das alle Stämme Bayerns einmal im Jahr zusammenführen sollte. Den Anlass gab die Heirat des Kronprinzen Ludwig mit Therese von Sachsen-Hildburghausen. Um den konfessionellen Proporz nach außen zu demonstrieren, war es im wittelsbachischen Königshaus üblich, die katholischen Thronfolger mit protestantischen Prinzessinnen zu vermählen.

In seiner Eigenschaft als europäische Königsstadt verstärkte sich die Wasserkopf-Funktion Münchens im Hinblick auf sein oberbayerisches Umland noch weiter. Die Konzentration der Staatsverwaltung und der Landesbehörden, und nicht zuletzt Ludwigs monumentale Bauvorhaben wirkten als Sog, der Menschen aus allen Teilen Bayerns nach München brachte und dort zusammenwürfelte. Die kontinuierliche Steigerung der Einwohnerzahlen durch Eingemeindungen der Vororte und den Zuzug vom Lande spricht für sich: Um 1800 zählte man um die 34 000 Einwohner, 1860 war die 100 000 Grenze erreicht und kurz nach 1900 ging die Einwohnerzahl auf die halbe Million zu.

Zeit der Könige: Ludwig I. (1825–1848)

König Ludwig I. war ein Monarch, der sich vielen Vorlieben widmete. Der Kunst in all ihren Ausformungen genauso wie der holden Weiblichkeit in ihrer ganzen Formenpracht. Um es gleich vorwegzunehmen, ist er ja letztlich über eine seiner allzu offen betriebenen Liebesaffären, nämlich mit der jungen (und übrigens recht intelligenten) irischen Tänzerin Lola Montez, gestolpert und musste 1848 abdanken. Selbstverständlich war die 29-jährige Mätresse nicht der Grund für die wüste Münchner 1848er Revolution, aber sie bot einen willkommenen Anlass für alle Kräfte, die Ludwig zeit seiner autokratischen Regentschaft verprellt und vor den Kopf gestoßen hatte – und das waren nicht wenige!

Übersteigerte nationalromantisch-„Teutsche" Phasen des Königs (welche letztlich das Stigma der „Franzosenkrone" Bayerns bannen sollten) wechselten sich ab mit Italienpathos und Hellenen-Begeisterung (dieser verdankt Bayern das „y" im Namen). Bei aller Weltläufigkeit vergaß er aber nicht das Staatsziel, alle bayerischen Stämme in einer Nation zusammenzuführen. Er erkannte rasch, dass dies weder mit Zwang noch mit Geschichtsblindheit möglich sei, sondern ganz im Gegenteil erst dann, wenn sich jeder Stamm oder jede historische Landschaft ihrer Geschichte bewusst geworden sei und sodann freiwillig unter den Schirm der Monarchie einkehre. Dazu zählte eine erste Form des Denkmalschutzes, welche „vaterländische Bauwerke" vor dem Abbruch bewahrte. Ludwig und seine königlichen Nachfolger beehrten auch besonders häufig die neu hinzugewonnenen Landesteile, um sie näher an die Dynastie zu binden. Auch der ehemalige salzburgische Rupertiwinkel war Ziel einer allerhöchsten Reise, wobei der König von der Ortschaft Anger als „seinem schönsten Dorfe" schwärmte. Eine Wertung, die bis heute nachhallt.

Dem Monarchen wird zwar eine gewisse Technikfeindschaft nachgesagt – so konnte er sich nie mit dem „Dampfrosse" anfreunden –, doch begannen gerade in seiner Zeit Lokomotiven durchs Land zu stampfen und dampfbetriebene Schiffe die Flüsse und Seen zu befahren. Das 1833 gegründete Polytechnikum in München diente der Ausbildung des neuen zukunftsorientierten Berufs des Ingenieurs.

Max „Zwei" (1848–1864): königlicher Weitwanderer

Unter Ludwigs Nachfolger, König Maximilian II. (reg. 1848–1864, genannt *„Max zwoa"*) wurden die 1848er Reformen in Gang gesetzt. Sie betrafen den Landtag, der nun repräsentativ und ohne Standesschranken indirekt über Wahlmänner gewählt wurde. In der Folgezeit bildeten sich politische Parteien heraus, die um die Mandate konkurrierten. Eine weitere Maßnahme war die Abschaffung der Grundherrschaft, wodurch die ländlichen Strukturen völlig umgekrempelt wurden. Max II., der nach eigenem Ausspruch lieber als Professor gewirkt hätte, wenn ihm nicht die Krone in die Wiege gelegt worden wäre, fühlte sich in erster Linie unter Gelehrten und Bildungsbürgern wohl. Das Gehabe eines Königs von Gottes Gnaden, wie es seinen Vater Ludwig I. zumindest phasenweise überkam, war ihm fremd. Er ist aber auch der erste Wittelsbacher auf dem Thron, der bewusst „ins Land und Volk hineinging".

Während der Regierungszeit Max' II. wurde das neugotische Gebäude für die Regierung von Oberbayern in der Münchner Maximilianstraße fertiggestellt. 1864 zogen die ersten Beamten in die „Schreiberkaserne" ein.

Schon als Kronprinz hatte er das bayerische Alpenvorland durchwandert und den trefflichen Schriftsteller Friedrich Lentner (1814–1852) beauftragt, „Sitte, Tracht und Tradition des bayerischen Hochlands und des Vorlands" genau aufzunehmen und zu beschreiben, was dieser auch anno 1849 in 39 eng beschrifteten Folienheften aufs Beste ausführte. Lentners Werk ist die grundlegende Quelle für das oberbayerische Brauchtum. Er beschreibt u. a. Tanzböden (auf denen es zwischen „Buben und Dirndln" recht ungezwungen zuging) und ländliche Lustbarkeiten mit „Aufstampfen, Pfeifen und Lärmen unter Einsatz aller Instrumente". Im Bestreben, alle Winkel seines Landes kennen zu lernen, besuchte Max II. 1857 auch den Standplatz der wittelsbachischen Stammburg Oberwittelsbach bei Aichach. Ein Gedenkstein erinnert noch an dieses Ereignis.

1858 unternahm Max II. seine berühmte Bergwanderung quer durch die bayerischen Alpen von Lindau nach Berchtesgaden. Vom 20. Juni bis 27. Juli 1858 dauerte die königliche Bergfahrt mit wechselndem Gefolge von Wissenschaftlern, Schriftstellern, Malern und örtlichen Honoratioren – per Droschke, zu Pferd, aber lange Strecken auch zu Fuß. Bewusst suchte der Monarch dabei Kontakt zu „seinem Land- und Bergvolke". Wie auch umgekehrt: Nach der Erklimmung des Wendelsteins vernimmt er auf dem Gipfel weitjuchzende Jodler. In Miesbach werden dem Staunenden und seiner Entourage Schuhplattler offeriert. Heimgarten und Herzogstand, Benediktenwand, Partnachklamm, der Isarwinkel mit Lenggries, Nussdorf am Inn, die Kampenwand, Bayerischzell, Ruhpolding und natürlich Watzmann und Königsee werden nun in ganz Bayern und darüber hinaus bekannt.

Der wissbegierige König ließ in diesem Zusammenhang Volkslieder sammeln und Volkstrachten zeichnen. In das 1855 gegründete Bayerische Nationalmuseum wurde auch viel Kunst- und Kulturgut aus Oberbayern überstellt. Bei Max II. ist bereits eine gewisse München-Flucht festzustellen. Viel Zeit verbrachte er auf Schloss Hohenschwangau und in Schloss Berg am Starnberger See. Den sozialen Fragen gegenüber zeigte er sich aufgeschlossen. Auf ihn gehen die ersten geräumigen Wohnanlagen für Arbeiter in München zurück. Zeitlebens wurde der König indes von schweren Depressionen heimgesucht, woran auch seine lebenslustige Gattin Friederike Marie von Preußen (1825–1889) nichts zu ändern vermochte. Sein früher Tod hinterließ 1864 eine gewaltige Lücke, war doch der Thronfolger Ludwig II. erst 18 Jahre alt.

Oberbayerns Wiedergeburt

Unmittelbar nach seiner Gründung wurde das Königreich nach napoleonischer Manier in 15 Departments eingeteilt. Nach dem Wiener Kongress 1815 bestand das neue Bayern aus 8 Provinzen oder Kreisen. Französischem Vorbild folgend versuchte man möglichst, die alten, herkömmlichen Stammesnamen zu vermeiden, um durch Verwischung der „alten Grenzen" die Herstellung eines einheitlichen neubayerischen Nationalgefühls zu fördern. Man orientierte sich daher in der Benennung der Kreise an den großen Flüssen. So entstanden z. B. der Isarkreis mit dem „Vorort" München, der Oberdonaukreis (Augsburg) und der Unterdonaukreis (Passau, dann Landshut). Hinter diesen Kreiseinteilungen verbargen sich die Landschaften Oberbayern, Schwaben und Niederbayern. Der Isarkreis umfasste ehemaliges ober- wie niederbayerisches Gebiet und reichte von München über Landshut bis Landau. Im Bewusstsein der Bevölkerung hatte sich diese unhistorische Verwaltungseinteilung des Landes nie durchgesetzt und war Quelle dauernder Unzufriedenheit.

Der „Isarkreis" wird wieder „Oberbayern" (1837)

Am 29. September 1837 verfügte Ludwig I. die Neuenteilung der Kreise zum 1. Januar 1838. Das Kriterium der Grenzziehung sollte in erster Linie der historische Bezug sein. Gleichzeitig führte er offiziell die traditionellen Landesnamen wieder ein. Oberbayern ist damit wieder erstanden! Und zwar als fest umrissene Gebietskörperschaft wie als territorialer Begriff. Es ist das „runde" Oberbayern, das bis zur Gebietsreform 1972 Bestand haben wird: Den Kern bilden die Stadt München mit dem Oberland sowie Freising. Dass Ingolstadt als Brückenkopf jenseits der Donau und das Wittelsbacher Ländchen mit Aichach und Friedberg mit eingeschlossen wurden, überrascht den Geschichtsbewussten nicht. Die Isargrenze zu Niederbayern wurde so festgelegt, dass Moosburg in Oberbayern lag. Eher verwundert, dass Altötting und Burghausen oberbayerisch wurden. Die Inkorporierung des Rupertiwinkels und Berchtesgadens in den Kreis Oberbayern ergab sich von selbst.

Von den aktuellen Grenzen Oberbayerns ausgehend, befand sich Neuburg an der Donau im Kreis Schwaben/Neuburg und Eichstätt im angestammten Mittelfranken.

Lassen wir die Königs-, Kunst-, Dom- und Universitätsstadt München einmal beiseite, da ihre Geschichte nur bedingt mit derjenigen Oberbayerns konform geht und betrachten wir das „Oberbayerische an sich". Größere Städte im urbanen Sinne existierten außerhalb der Landeshauptstadt immer noch nicht. Freising verlor abermals gegen München, als das neu geschaffene Erzbistum seit 1821 in München Quartier bezog. Die ehemaligen Residenzstädte Eichstätt und Neuburg sanken zu Landstädtchen mit kleinen Verwaltungsaufgaben herab. Die Saline zu Reichenhall, eine der wirtschaftlichen Grundlagen des

Das im „Reichen Hall" gewonnene Salz bildete die ökonomische Basis Oberbayerns. Nach einem Brand entstand die Saline als „Kathedrale der Industrie" 1836 neu.

Königreichs, wurde 1834 durch einen Großbrand vernichtet. Die Wiederinstandsetzung gelang binnen zweier Jahre. Es entstand „die schönste Saline Deutschlands", eine *„Kathedrale der Industrie"* mit modernen Sudhallen und klassizistischen Verwaltungshäusern.

Dampfrösser und Steamer

Von Beginn an wirkten die Eisenbahnlinien als *„Leitungsdrähte des Fortschritts"*. Die erste Linie erreichte München 1839 von Lochhausen her und wurde später bis Augsburg erweitert. Der ganze Münchner Westen – Aubing, Pasing, Laim – stand bald im Banne der Eisenbahn. Ostbahnhof und Südbahnhof schlossen den Gleisring um die Landeshauptstadt. 1851 waren die Fernstrecken von München nach Frankfurt und von München nach Berlin vollendet. Für das Voralpenland wirkte die Strecke nach Salzburg (1860) urbanisierend. Die 1857 übers Isartal gespannte Hochbrücke von Großhesselohe gilt als Wunderwerk der Technik.

In Rosenheim war zu Beginn des 19. Jahrhunderts die dritte Saline Oberbayerns (nach Reichenhall und Traunstein) eingerichtet worden. Seit 1858 zweigte in Rosenheim eine Haupteisenbahnstrecke ins Inntal ab. Als viel befahrener Eisenbahnknotenpunkt profitierte der Ort. Der 1858 erbaute, halbkreisförmige Lokschuppen mit Kapazität für 20 Dampfloks erwies sich bereits 1870 als zu klein. Er dient heute als viel beachteter Ausstellungsraum. Der neue Bahnhof wurde 1872 eingeweiht. Rosenheim wurde 1864 zur Stadt und sechs Jahre später zur kreisunmittelbaren Stadt erhoben. Die Salinenstadt Traunstein, die 1851 einen schweren Stadtbrand erlitten hatte, erlangte 1876 offiziell den Status einer kreisunmittelbaren Stadt. Besondere Bedeutung kam dem Grenzbahnhof Freilassing zu. In seinem Lokschuppen von 1874 befindet sich heute das viel beachtete Eisenbahnmuseum.

Auch ins Oberland wurden von München aus Schienen verlegt. Starnberg wurde bereits 1854 erreicht. Weilheim erhielt 1864 einen Gleisanschluss. 1865 war die Strecke München–

Seeshaupt–Kochel befahrbar und bald waren auch die Industriereviere Penzberg und Peißenberg mit den Hauptstrecken verbunden. Murnau folgte 1879 und 1890 dann Garmisch. Die Verbindung nach Innsbruck dauerte noch bis 1912. Die Isartalbahn führte 1897 über Wolfratshausen nach Beuerberg und Bichl. Im Westen dampften die Personen- und Güterzüge seit 1872 von München über Kaufering nach Memmingen. Landsberg wurde durch eine Stichbahn angeschlossen, bekam aber eine direkte Verbindung über Lagerlechfeld nach Augsburg.

Das immer dichter werdende Eisenbahnnetz verdrängte bald die Flößerei und dann auch die Dampfschifffahrt auf den Flüssen. Im Oberbayerischen waren nur auf dem Inn zwei Dampfschiffe unterwegs, die „Vorwärts" und die „Simbach", die von 1854 bis 1858 von Passau bis Rosenheim stampften. Dagegen floriert die (Dampf-)Schifffahrt auf den oberbayerischen Seen bis heute. Ein erster *„Steamer"* – ein nach englischem Vorbild mit einer Dampfmaschine betriebenes Boot – kreuzte schon 1845 auf dem Chiemsee. Die reguläre Schifffahrt nahm von Prien aus im Jahr 1859 mit einem eisernen Schaufelraddampfer ihren Betrieb auf. 1851 begann die Dampfschifffahrt auf dem Starnberger See mit dem Salonraddampfer „Maximilian", der 300 Passagiere aufzunehmen vermochte. Den Ammersee durchpflügte 1879 ein erstes Dampfboot. Das Flussdampfschiff „Maria Theresia" befuhr seit 1880 die Amper abwärts bis Grafrath, wo sich ein Bahnhof befand. Weil es sich durch die Filze und Moose der Amper hindurchkämpfte, hieß es scherzhaft „Mooskuh". Die reguläre Schifffahrt auf dem Ammersee wurde indes erst 1906 aufgenommen. Die Schifffahrt auf den oberbayerischen Seen diente von Anfang an der Passagierbeförderung und dem Fremdenverkehr.

Während sich im Umfeld der Schienenwege und der neuen Poststraßen das Leben durch den Kontakt mit der Außenwelt veränderte, indem eine neue Berufswelt entstand und die Menschen das Althergebrachte nicht mehr als gottgegeben hinnahmen, blieb das bäuerliche Land konservativ. Die tiefe Volksfrömmigkeit hatte die bayerisch-napoleonische Ära unbeschadet überstanden. Mit Genugtuung vernahmen die Pfarrherren König Ludwigs I. Forderung, Wallfahrten, Pilgerprozessionen

Der Starnberger See galt im 19. Jahrhundert wegen seiner noblen Umgebung als „Herrensee" im Gegensatz zum Ammersee, dem „Bauernsee". – Zeichnung, unsigniert, undatiert.

und Feldumgänge hinfort staatlicherseits nicht mehr zu unterbinden und die Gründung katholischer Bruderschaften und Kongregationen wieder zuzulassen. Michael Sailer, ein gebürtiger Oberbayer (*1751 in der Nähe von Schrobenhausen, gest. 1832 als Bischof von Regensburg) war der führende katholische Erneuerer seiner Zeit. Beim zum Teil „stockschwarzen" Klerus – nun meist bäuerlicher Herkunft – fiel seine duldsame und nach Innen gewandte Katholizität allerdings auf wenig Gegenliebe.

Landesfestung Ingolstadt

Die Landesuniversität wurde 1800 von Ingolstadt nach Landshut und 1826 nach München verlegt. Als der Deutsche Bund, dessen Mitglied Bayern war, die Forderung erhob, die Westgrenzen zu sichern, erinnerte sich das Münchner Kriegsministerium wieder der strategischen Bedeutung der Donaustadt. Bei Ludwig I., der Zeit seines Lebens nicht verwinden konnte, dass Bayern die Krone von

Frankreichs Gnaden empfangen hatte, stieß das auf offene Ohren. Nie mehr sollten die Franzosen so schnell ins „Teutsche" durchbrechen wie unter Napoleon! 1826 erging der königliche Auftrag, die Stadt mit modernen Fortifikationen zu umgeben. Die Aufgabe übernahm Leo von Klenze, dem das Kunstwerk gelang, die martialischen Festungswerke mit einer eigentümlichen klassizistischen Ästhetik zu verbinden. 1848 war die Bayerische Landesfestung Ingolstadt vollendet und bereit, jederzeit „scharf gemacht" zu werden. Seien wir froh, dass dies nie geschehen ist.

Die Entdeckung Oberbayerns

Die Wittelsbacher bezogen im Lauf ihrer Geschichte zahlreiche Sommerschlösser in Oberbayern: Das Schloss Dachau über der Amper, Nymphenburg natürlich, das Schloss über Starnberg und nahe davon Schloss Berg. An den Gestaden des Starnberger Sees kauften sich Adelige und Hofbeamte Ruhesitze und Sommerschlösschen, weswegen der See bald „Herrensee" hieß und häufig von der Münchner Gesellschaft besucht wurde. Seit 1854 war die Anfahrt von München nach Starnberg mit der Eisenbahn möglich.

Das Isartal im Süden der Landeshauptstadt erfreute sich bald des regen Zuspruchs bürgerlicher Wanderer und *Cyklisten*, wie die ersten Radfahrer genannt wurden. Allerdings warfen auch Wirtschaftskreise begehrliche Blicke auf den Wildfluss, aus dem elektrische Energie zu gewinnen war. Dagegen wandte sich der von namhaften Gönnern unterstützte Isartalverein, die erste dem Landschafts- und Naturschutz verpflichtete Gemeinschaft Oberbayerns.

Im Jahre 1817 entsann sich Königin Karoline, die Gemahlin Max' I. Joseph, früherer Aufenthalte im stillen Tegernseer Tal und veranlasste den Ankauf des säkularisierten und demolierten Klosterareals. Das Klostergebäude wurde bis 1824 zu einem relativ einfachen Sommerschloss umgebaut, das aber in der Folgezeit fast zu einer wittelsbachischen Nebenresidenz aufstieg. Mit dem Besuch des russischen Zaren Alexander I. und des österreichischen Kaisers Franz I. erhielt der Tegernsee 1822 schlagartige Berühmtheit in hohen und höchsten Kreisen. Und mit jedem königlichen Umzug von München zum Schloss Tegernsee kamen Hofschranzen, Dichter, Maler, Theaterleut' und Primadonnen, für die im Ort gesorgt werden musste. Bald war es auch im Münchner Bürgertum angesagt, sich am Tegernsee im Glanze der Monarchie zu sonnen, zumal der „alte Vater Max" als leutseliger Herr galt, der auch für Stallmägde und Häuselleut' Audienz hielt. Der Gang ins 1838 gegründete Tegernseer Hofbräuhaus war für jeden Patrioten obligatorisch.

Die nächstgelegenen Ortschaften Rottach und Egern entwickelten sich zu den ersten Fremdenverkehrsorten in Oberbayern. Wildbad Kreuth am Fuß der Blauberge, durch mehreren allerhöchsten Besuch geadelt, stellte eine besondere Attraktion dar, und der Bahnanschluss 1902 erleichterte nicht nur der herrschaftlichen Equipage, sondern auch zahlreichen Sommerfrischlern die Zufahrt in die Tegernseer Alpen.

Ähnliches geschah in Berchtesgaden. Auch hier spielte das Königshaus die Vorreiterrolle in Sachen touristischer Erschließung. Das säkularisierte Stift fiel 1810 an den bayerischen Staat, von dem es das Königshaus erwarb und in einen Jagd- und Sommersitz umwandelte. Seit 1830 weilte hier öfters die königliche Jagdgesellschaft und pirschte sich durch die Ramsau und hinauf ins Steinerne Meer. Für die zahlreichen Prinzen und Prinzessinnen der königlichen und herzoglichen Häuser Wittelsbach ergab sich hier ein beliebter Tummelplatz fernab der Münchner Verpflichtungen. Das kleine St. Bartholomä am Königsee war ein geschätzter Treffpunkt der hohen Herrschaften.

Watzmann und Königsee, früher wegen ihrer schroffen Höhen bzw. schrecklichen Tiefen allgemein gefürchtet, galten plötzlich als wildromantische Gegend auch für den bürgerlichen Fremdenverkehr. Kraxeln war angesagt. König Max II. machte das Bergwandern mit Stock und genageltem Schuhwerk in bürgerlichen Kreisen fast zur vaterländischen Pflicht! Höchstselbst hatte er ja die Bayerischen Alpen durchmessen, wie wir bereits erwähnt haben. Seine Gattin Marie Friederike antwortete auf die Frage, wie ihr der Sommer im Gebirg'

Begegnung König Max II. von Bayern mit seiner Gemahlin Königin Marie von Bayern auf der Niederstraußberg-Alm im Ammergebirge. – Gemälde von Philipp Foltz, 1848/52.

gefalle: *„Von de Berje bin ick janz wech!"* Sie war zwar unverkennbar eine Berlinerin, entwickelte sich aber nichtsdestoweniger zur begeisterten Bergsteigerin.

Die Konzentration der von den Wittelsbachern initiierten Fremdenverkehrszentren zuvörderst im bayerischen Oberland und Hochland hatte leider zur Folge, dass die gebirgsfernen Regionen Oberbayerns in der Wahrnehmung von außen marginalisiert wurden. Zu Ludwig Thomas Zeiten noch galt das Dachauer Land als „mit Brettern vernagelt" und das Erdinger Moos als entrische Öde, wo sich Füchs' und Hasen Gute Nacht sagen, während sich der Münchner Süden der großen Welt öffnete.

Ethnografische Beschreibungen von Land und Leuten

Aus der ersten Hälfte des 19. Jahrhunderts stammen die ersten ethnografischen Beschreibungen des oberbayerischen Landvolkes. Sie fielen mitunter recht drastisch aus! Einige Charaktereigenschaft wiederholen sich darin stereotyp: Grobheit, Unhöflichkeit und phlegmatisches Temperament, das bisweilen in Wildheit umschlage, und dazu eine ausgeprägte *„Neigung zum Bierkruge"*. Diese bestimme wiederum *„die äußere derbe Physiognomie, nämlich allgemeine Dickleibigkeit und beim männlichen Geschlechte vorherrschend Bierwänste, Stiernacken und rotgesichtige Rundköpfigkeit"*. Übrigens waren es keine „Preußen", die also urteilten, sondern Einheimische, wie Johann Pezzl (1756–1823) sowie amtliche Physikats- und Musterungsberichte. Demgegenüber stehen freilich verschiedene positive Eigenschaften und Tugenden: Biedere Treue, Vaterlandsliebe, Kraft und unverzärtelte Robustheit. In den Ethnografien kam namentlich das weibliche Geschlecht immer besser weg in seiner *„natürlichen Anmuth"*, die sich besonders beim Dreher- und Walzertanze offenbare. Die Anhänglichkeit zum Königshause stehe völlig außer Zweifel, eine gewisse Renitenz wider die Obrigkeit sei aber besonders im volkstümlichen Wildschützenwesen und im Auftrumpfen *„gewappelter"* Großökonomen gegenüber *„notigen"* Staatsdienern zu beobachten.

Ludwig Steub, geboren in Aichach 1812, gestorben in München 1888, machte als Reiseschriftsteller Oberbayern auch im eigenen Lande bekannt. Er durchwanderte das oberbayerische Hochland, die Gebirge und Täler, besuchte Almen und Wirtshäuser und unterhielt sich mit Bergbauern, Pfarrern, Gastwirten und Sennerinnen (über Letztere bemerkt er augenzwinkernd: *„Übrigens tut man jenen Dirnen Unrecht, wenn man sie sich allzu naiv und alpenhaft vorstellt!"*) Seine „Wanderungen im baierischen Gebirge" (1862) geben nur Selbsterlebtes und -beobachtetes wieder. Landschaftsbeschreibugen, historische, sprach- und volkskundliche Exkurse wechseln sich ab mit Nacherzählungen von Gesprächen voll bilderreicher Poesie und heiterer Ironie. Für eine romantische Verklärung des Landlebens war Steub freilich nicht geschaffen. Wenn es sein musste, äußerte er scharfe Kritik an Rückständigkeit und Bigotterie. Den aufkommenden Fremdenverkehr von Erholung suchenden Städtern (meist Münchnern) bekämpfte er ziemlich harsch – obgleich er selbst mit seinen im Bürgertum weit verbreiteten Reisebüchern dazu beitrug.

Recht milde ging Franz Graf von Pocci (1807–1876) mit seinen oberbayerischen Landsleuten um. Von seinem Schlösschen Ammerland am Starnberger See aus beobachtete der „Kasperlgraf" (der im realen Leben Oberstkämmerer bei Hofe war) das dörfliche wie städtische Treiben und begleitete es in Karikaturen, musikalischen Reimen und allerlei Komödien. Sein unverkennbar oberbayerisch sprechender „Kasperl Larifari" fand seinen Weg bis Berlin. In wahrstem Wortsinne „weichgezeichnet" tritt uns in seinen romantischen, allzu idyllischen Skizzen und Aquarellen der Starnberger (bzw. damals Würm-)See und das Oberland mit seinen Bewohnern entgegen – die gute alte Zeit beschwörend. Verwandt damit waren die allzu heiteren Alt-Münchner Stadtgeschichten von Franz Trautmann (1813–1887), die sehnsüchtig die Winkel und dunklen Gassen einer verklärten Vergangenheit beschworen.

Franz von Kobell (1803–1882), seines Zeichens Mineraloge, durch seinen Onkel Wilhelm von Kobell, den Maler oberbayerischer Landschaften schon entsprechend vorgeformt, durchpirschte im *jagerischen Wams mit der Bix* (Büchse) Königseegebiet und Jachenau und veröffentlichte eine Reihe von Novellen, Lustspielen und Gedichten in oberbayerischer Mundart: „Wildanger" (1859) und zahlreiche Verse und „Schnaderhüpfeln" über „Almrosn", „Edelweißbrocker", „Sennerinnen" und „Gamsjaga". Bis heute immer wieder gern aufgeführt wird das Stück vom „Brandnerkaspar und dem Boandlkramer" (1871). Kobells Veröffentlichungen im Dialekt waren auch als Widerpart zu den zahlreichen Nordlichtern an der Münchner Universität und am Königshof gedacht, für welche das Idiom der Einheimischen nichts Erhaltenswürdiges bedeutete, sondern „Zeichen vergangener Barbarei" war. Kobells Werk hatte gewaltigen Erfolg, bei der einheimischen Landbevölkerung genauso wie bei den Münchnern und besonders bei Preußen und Rheinländern, die nun in Scharen kamen, um das unverfälschte Völkchen kennenzulernen.

Mit Kobell wurde die (ober-)bayerische Mundart zur Literatursprache erhoben. Karl Stieler (1842–1885), der Hochlanddichter vom Tegernsee, hat die mundartliche Tradition in zahlreichen sensiblen Gedichten und Liedern weitergeführt. Ludwig Ganghofer (1855–1920) und Ludwig Thoma (1867–1921) haben sich sodann in ihren Werken erfolgreich dieses dialektsprachlichen Kunstgriffs bedient. Ganghofers im Oberbayerischen spielendes Drama „Der Herrgottschnitzer von Ammergau" und seine Heimatromane „Der Jäger von Fall", „Trutze von Trutzberg" und „Der Ochsenkrieg" fanden ihre begeisterte Leserschaft selbst in „allerhöchsten Kreisen" um Kaiser Wilhelm II.

Oberbayern in der Literatur

Mehrere Literaten müssen genannt werden, die Oberbayern jeweils auf ihre Weise geschildert haben. Max Haushofer (1840–1907), Nationalökonom zu München, beschrieb Oberbayern in einer schön bebilderten und wissenschaftlich untermauerten Landeskunde. Josef Ruederer (1861–1915) widmete sich dem Aufstieg Münchens zur Großstadt durchaus kritisch und in der Form der Satire. Heuchelei, „Hinterfotzigkeit" und Geldgier der Großkopferten und „Gewamperten" kommen deutlich zur Sprache. Als Großbürger und Bankierssohn durfte er hier aus dem Vollen schöpfen. Trotzdem schimmert immer die Liebe zur Heimatstadt durch. Das ländliche Oberbayern hingegen hielt er für „Schnackerlhaft", weswegen er mit Ludwig Thoma, mit dem zusammen er im „Simplizissimus" und der „Jugend" veröffentlichte, in Konflikt geriet.

Georg Queri (1879–1919) aus Frieding bei Andechs war ein besonderes Kaliber. Äußerlich glich er einer Simplizissimus-Karikatur eines oberbayerischen Quadratschädels. Seine „Weltlichen Gesänge des Egidius Pfanzelter aus Polykarpszell" und „Schnurren des Rochus Mang aus Fröttmannsau" stellten das Leben in Oberbayern in all seinen Facetten von Liebe, Leid und

Tod sehr deftig, doch jenseits aller falschen Volkstumsromantik dar. Seine volkskundliche Sammlung „Bauererotik und Bauernfehme" (1911) sowie „Kraftbayerisch" (1912) brachten ihm einen Sittlichkeitsprozess ein, den er mit Hilfe Thomas und Ruederers gewann. Trotzdem blieben die von ihm gesammelten erotischen Schnaderhüpfeln lange Zeit unter Verschluss.

Feinsinniger ging Josef Hofmiller (1872–1933) zu Werke. In Freising, München und Rosenheim als „Professor in der Lederhose" bekannt, repräsentierte er den Vertreter des gebildeten Bürgertums, der sich ins Land hinaus bewegte und dort Kirchen, verborgene Kostbarkeiten und Kunstwerke aufsuchte. Er hat in seinen Essays Oberbayern als Kunstlandschaft populär gemacht.

Ludwig Thomas ambivalentes Oberbayern

Wohl kein anderer hat das Oberbayern-Bild so geprägt wie Ludwig Thoma – geboren zu Oberammergau 1867, aufgewachsen als Förstersohn in der Jachenau, die Schulzeit durchlitten in Neuburg an der Donau, Burghausen und Landshut, sodann Jurist, aber dann aufgestiegen als Schriftsteller, Dichter und begnadeter Satiriker, und geendet als bösartiger Grantler auf der Tuftenalm über Rottach-Egern im Jahre 1921! Als Nachhall seiner Advokatenzeit im bäuerlichen Milieu des Dachauer Hinterlands erschienen seine naturalistischen Erzählungen und Romane „Agricola", „Der Wittiber", der düstere „Ruepp", und die abgründige Tragödie „Magdalena" – allesamt Werke von ungeheurer Wortwucht und getragen von empörtem Gerechtigkeitssinn. Streben nach Gerechtigkeit, Kampf gegen materialistisches Spießbürgertum, tyrannische Großbauern und heuchlerische Moral in Stadt und Land bildeten auch die Grundlage für seine (im Grunde gar nicht lustigen) „Lustspiele" und Lokalpossen.

Des fiktiven „Abgeordneten Jozefs Filsers Briefwexel" traf den von allerlei offenen und verborgenen Interessen hin- und hergelenkten Kern der Innen- und Regionalpolitik des ländlichen Oberbayern, verschwieg aber auch nicht die Macht und den Respekt, die einem einfachen Mann aus dem Volke als Deputiertem im Königreich Bayern zukam! Als Satiriker verstand es Thoma, kompromisslos sowohl mit Stilett wie mit dem Dreschflegel seine zahlreichen Gegner in Politik und Geistlichkeit zu bekämpfen. In dieser Eigenschaft kam ihm die Gründung der satirischen Münchner Zeitschrift „Simplizissimus" (1896) sehr zupass, zu deren Karikaturen er Kommentare und Verse beisteuerte, die saturierte Münchner Rentiers und großkopfete bayerische Ökonomen gleichermaßen aufs Korn nahmen wie ostelbische Junker und Berliner Besserwisser.

1916 erschien Thomas „Heilige Nacht" im Lenggrieser Dialekt, der ihm von Kind an vertraut war. Der Erste Weltkrieg verwandelte den weltoffenen und liberalen Konservativen, der er war, in einen verbitterten Nationalkonservativen. Vor seinem Tod im 54. Lebensjahr (1921) veröffentlichte er im „Miesbacher Anzeiger" ziemlich grobschlächtige Artikel gegen die Münchner Räterepublik von 1918 und 1919. Allerdings gab er damit die antistädtische, antisemitische und antirepublikanische Nachkriegsstimmung im bayerischen Oberland treffend wieder.

Ludwig Thoma (1867–1921) hat als Romancier, Theaterautor, Poet, Satiriker und zum Schluss als Polemiker das literarische „Oberbayern-Bild" nachhaltig geprägt. – Foto von Franz Neumayer, München, 1892.

Dass das oberbayerische Landleben weder bukolisch noch gesund war, haben Verständige nie geglaubt. Aber dass es so „hundsgemein" und unerbittlich zuging, wie es Lena Christ (1881–1920) in ihren „Memoiren einer Überflüssigen" 1912 beschrieb, hat dann doch betroffen gemacht. Als lediges Bankert einer Köchin aus Glonn wurde sie von Familie und Dorfgemeinschaft verstoßen und floh nach München. Dort führte sie Thoma in die Schriftstellerszene ein und ermunterte sie zu ihren Erinnerungen. Im Roman „Rumplhanni" kehrt sie im Geist zurück in ihr Dorf, beißt sich durch und steigt in der starren Dienstbotenhierarchie sogar zur Mitterdirn auf. Ihr letztes Werk „Madam Bäurin" (1919) zeigt versöhnliche Züge: Feines, aber verarmtes Stadtmädel und wohlhabender Bauernsohn finden ihr Glück auf dem Land. Interessanterweise schildert Christ hier den Einbruch der Maschinenwelt und des Automobils in die ländliche Arbeitswelt.

Spannen wir den literarischen Bogen weiter von der Wende des 19. zum 20. Jahrhundert bis in die Jetztzeit. Dann darf Oskar Maria Graf (1894–1967) nicht fehlen, der Bäckersohn aus Berg am Starnberger See. Das „Bayerische Dekameron" (1928) schwimmt noch allzu sehr auf der Welle gepfefferter Bauernerotik, doch die Summe seiner Heimaterzählungen ist das 1940 bis 1945 niedergeschriebene „Leben meiner Mutter", in der Graf das von Aufopferung, Mühe und Plage gekennzeichnete Leben der Berger Bäckin, einer geborenen Bauerstochter, im Rahmen einer bäuerlich-dörflichen Chronik von 1850 bis 1930 schildert. Auch als sich ein bescheidener sozialer Aufstieg abzeichnet, lebt und härmt sie sich weiter wie bisher. Thomas Mann, dem Oberbayern aufgrund seiner Landsitze in Bad Tölz und Feldafing vertraut war, bemerkte zu Oskar Maria Graf: *Sein Blick liegt auf Menschen und Dingen, volkhaft stumpf wie es scheint, scharfsichtig in Wahrheit, verschmitzt, in verstellter Blödheit, und lässt sich nichts vormachen, von keiner Seite.*

Sprache, Sagen, Geschichtsquellen

Ein ernstes Unterfangen war Johann Andreas Schmellers Dokumentation der bairischen Sprache. Schmeller (1785–1852) wuchs in der Pfaffenhofener Hallertau auf und war dann Universitätsprofessor in München. Sein imposantes „Bayerisches Wörterbuch" vollendete er 1837, nachdem er den gesamten altbayerischen Raum auf der Suche nach Wörtern, Sinnsprüchen, „Gstanzln" (Spottversen), Kinderreimen und Bauernregeln durchwandert hatte. Der Priester Alexander Schöppner (1820–1860) und der Germanist Friedrich Panzer (1794–1854) sammelten die „Bayerischen Sagen", von welchen ein

Gutteil im Oberbayerischen spielt und historische Begebenheiten reflektiert.

Mit der Gründung des „Historischen Vereins von Oberbayern" im Jahre 1838 begann die systematische und quellengestützte Erforschung der oberbayerischen Geschichte. Seine bis heute laufende Publikation, das „Oberbayerische Archiv", gibt den jeweiligen Forschungsstand wieder. König Max II., dessen auch der Wissenschaft dienende Alpen-Exkursion wir schon erwähnt haben, legte größten Wert auf die zügige Publikation der mehrbändigen Buchreihe: „Bavaria. Landes- und Volkskunde des Königreichs Bayern". Der reich illustrierte Band über Oberbayern erschien 1860. Seinen Grundstock bildeten Friedrich Lentners volkskundliche Aufzeichnungen. Bis zur Jahrhundertwende lagen die schriftlichen Quellen zur altbayerischen Geschichte im Großen und Ganzen ediert vor. Zu gleicher Zeit näherte sich auch das Mammutwerk einer Landesaufnahme der „Kunstdenkmäler des Königreichs Bayern", speziell die Teilbände Regierungsbezirk Oberbayern, seiner Vollendung. Oberbayern durfte somit – im Sinne des 19. Jahrhunderts – als erforscht gelten.

Oberbayern in der Landschaftsmalerei

Die stimmungsvolle Abbildung oberbayerischer Landschaften entfaltete sich im 19. Jahrhundert zu einem eigenen Genre. Johann Adam Klein (1792–1875), Heinrich Bürkel (1802–1869) und Anton Zwengauer (1810–1884) sind hier zu nennen. Franz Lenbach (1836–1904) aus Schrobenhausen begann mit Landschaftsbildern seiner engeren Heimat, bevor er zum Malerfürsten und Münchner Kunstdiktator avancierte. Eine eigene Künstlergruppe bildeten die Chiemseemaler um Eduard Gleim (1812–1899), Eduard Schleich (1812–1874) und den „Chiemseer Farbenfürst" Julius Exter (1863–1939). Wilhelm Leibl (1844–1900) ging in die oberbayerischen Dörfer, malte dörfliche Szenen jenseits aller Romantik und porträtierte die „Staber Anni von Berbling", „Drei Frauen in der Kirche" und „Die Dorfpolitiker" in harter und kantiger Realistik. Ein bevorzugtes Ziel von Malern und Zeichnern war Dachau. Carl Spitzweg (1808–1885) lebte von 1850–1870 hier. Zur Dachauer „Malerkolonie" zählten Adolf Hoelzel (1853–1934), Henry Gogarten (1850–1911) und Paula Wimmer (1886–1971).

Ludwig II. (1864–1886): Alpenkönig und Menschenfeind

„Ein ew'ges Rätsel will ich bleiben mir und anderen." Wir wollen die Rätsel um König Ludwig II. hier nicht lösen, weder das seiner Herkunft noch das seines tragischen Todes im Starnberger See zu Pfingsten 1886. Während seine königlichen Vorgänger als lebens- und politikerfahrene Männer den Thron bestiegen, wurde Ludwig 1864 als 18-jähriger Jüngling ins kalte Wasser der Verantwortung geworfen. Seine Vorbereitung auf die Regierungsaufgabe war denkbar schlecht gewesen, die Ausbildung mangelhaft. Das wirkte sich umso schlimmer aus, als mit der seit 1848 ungelösten „Deutschen Frage" um die staatliche Einheit und der Gründung des Preußisch-Deutschen Reiches (1871) politische Umwälzungen gewaltigen Ausmaßes ins Haus standen.

Von Anfang an jedoch brandete ihm die Begeisterung und Sympathie der breiten Landbevölkerung entgegen. *„Unsa Kini"* ist keine Erfindung gewitzter bayerischer Werbestrategen, sondern so wurde er wirklich genannt. Allerdings hat er die Zuneigung des Volkes nicht erwidert. Der König war „leutscheu" und ging seinen einfachen Untertanen bewusst aus dem Weg. Auf seinen Schlössern herrschte die strikte *Ordre*, für seine Majestät praktisch unsichtbar zu sein. Aber wenn er dann bei seinen einsamen, nur von wenigen Lakaien begleiteten Ausfahrten per Kutsche oder Schlitten zur Nacht oder in der Morgenstille wirklich einen Bauern oder Holzhacker traf, ihm vielleicht noch huldvoll zunickte, so mag das für diesen wie eine Erscheinung aus dem Märchenland gewirkt haben. Nur wenigen aus dem Volke war es vergönnt, mehrere Sätze mit dem König zu wechseln. Ludwig Thomas Vater, der Förster von Hinterriss, gehörte zu diesen Auserwählten. Gerade diese Abgehobenheit des Königs, seine meilenweite Distanz zur Bevölkerung und ihren Problemen und sein Leben in den abseits gelegenen, abgeriegelten Schlössern riefen den Zauber und die Anziehung hervor, aus der sich die Volkslegenden um den Märchenkönig schon zu seinen Lebzeiten speisten.

Dass er im hoch über Partenkirchen gelegenen Jagdhaus Schachen einen morgenländischen Saal einrichten ließ, überraschte noch wenig, schließlich gehörte die „Orient-Begeisterung" zum Zug der Zeit. Von seiner Traumwelt des Mittelalters, so wie sie ihm Richard Wagner in seinen Musikdramen vermittelt hatte, vermochte der Monarch indessen nicht mehr in die Wirklichkeit zurückzukehren. 1869 legte er den Grundstein für Neuschwanstein, sein erstes traumgeborenes Märchenschloss. Neben der Gralswelt faszinierte den König das Zeitalter Ludwigs XIV., dessen Prunk und Pracht und uneingeschränktem Herrschertum von Gottes Gnaden er voller Ernst nacheiferte.

Im versteckten Graswangtal wurde auf Ludwigs II. Geheiß 1873 nach dem Vorbild der Versailler Parkschlösschen das Schloss Linderhof errichtet und mit reicher Rokoko-Ausstattung ausgeschmückt. Doch die Vision vom Schloss Versailles selbst ließ ihn nicht los. Es sollte auf der Insel Herrenchiemsee Wirklichkeit werden, die der König 1873 erworben hatte. Die Bauarbeiten zogen sich von 1878 bis 1885 hin. Vollendet wurde das Bauwerk nie. Noch lange sprachen die Chiemseefischer von den nächtlichen Inspektionsfahrten des Königs per Gondel. Wie alle seine Bauvorhaben dienten die Königsschlösser nicht der Hofhaltung, sondern der reinen Staffage, ja als Bühne seiner eigenen Person. Möglichst weit von den realen politischen Alltagsgeschäften entfernt, versenkte sich der König allein in seine Scheinwelten. München mied er. Auf Unterstützung konnte er auch in der königlichen Familie nicht hoffen. 1885 sperrte die Regierung seine Kasse. Eine hochkarätige Abordnung überreichte ihm 1886 im Hof von Neuschwanstein die Entmündigungs-Demarche und eskortierte ihn nach Schloss Berg. Das tragische Ende ist bekannt.

Vom „Bayerischen Märchenkönig" profitierte wiederum das südliche Oberbayern, das sich seitdem als typisches König-Lud-

wig-Land darstellt und damit den Fremdenverkehr enorm
ankurbelte. Das im Allgäu aufragende Neuschwanstein, diese
weltbekannte Ikone des Tourismus, wird dabei meist gleich mit
zu Oberbayern gezählt, schwäbischer Proteste ungeachtet.

Die Prinzregentenzeit: Luitpold (1886–1912)

Nach Ludwigs Ableben fand sich die Monarchie mit einer fata-
len Situation konfrontiert. Der nächste Anwärter in der Thron-
folge, Ludwigs Bruder Otto, war geisteskrank und fristete sein
Leben bis 1913 im Schlösschen Fürstenried im Süden Münchens. Im Lande freilich glaubte man nicht an die Geistes-
krankheit Ottos und malte sich verschiedene Szenerien eines
Komplotts und von Verschwörungen aus, in welchen gleichermaßen Liberale, Preußenfreunde und ultramontane Soutanen-
träger verdächtigt wurden. Die Stimmung war ungut, als Luitpold, der dritte Sohn König Ludwigs I. die Regentschaft antrat
– freilich nicht als König, sondern als Prinzregent, als König
Ottos Stellvertreter. Der 65-Jährige schaffte es allerdings in
kurzer Zeit, besonders das einfache Volk für sich einzunehmen.
Ganz im Gegensatz zu seinem Vorgänger zeigte er keine Be-
rührungsängste, spazierte in München herum, ging im Berchtesgadener Land und der Vorderriss zur Hirschjagd, und stattete, stilecht gewandet in Lodenjoppe und Lederhose, den
Jägerhut mit Spielhahnfeder auf dem Haupt und mit genagel-
ten Bergschuhen Gastwirtschaften im Wald und im Gebirge
seine Besuche ab. Mit seinem Tod 1912 ging eine Epoche, die
man etwas beschönigend als „Prinzregentenzeit" bezeichnete,
zu Ende.

König Ludwig III. (1913–1918):
der „Millibauer" von Leutstetten

Noch einmal murrten die ganz Königstreuen, als sich Luitpolds
Sohn Ludwig III. im Jahre 1913 zum König erheben ließ,
obgleich Otto noch lebte. Ludwig III. war noch älter als sein

Vater, nämlich fast 68 Jahre alt, als er die Residenz bezog. Lieber hielt er sich allerdings auf seinen landwirtschaftlichen Gütern auf. Als studierter Nationalökonom kümmerte er sich in erster Linie um Landwirtschaft und Viehzucht, woher sein Spitzname „Milli-(= Milch) Bauer" rührte, und baute in dieser Eigenschaft die Ökonomie um das Schloss Leutstetten im Würmtal zu einem modernen Mustergut aus. Die Attitude des Volkskönigs war echt. Auch er durchwanderte das oberbayerische Hochland mit Trachtenhut und Bergstock und schoss, als sich am Königsee der „stärkste bayerische Hirsch mit 18 Kg Geweihgewicht", waidgerecht vor seine Büchse stellte. Wie Luitpold war auch Ludwig III. vorwiegend im oberbayerischen Ober- und Hochland unterwegs. Es scheint, dass sich die bayerischen Könige und Regenten überhaupt vorab mit der Region südlich der Residenzstadt München identifiziert haben. Die nördlichen Landkreise kamen seltener in den Genuss allerhöchsten Besuches.

Ein halbes Jahr nach Ludwigs III. Thronbesteigung brach der Erste Weltkrieg aus. Der alte Monarch scheint weder den Krieg noch die gewaltigen Umwälzungsprozesse, die er mit sich brachte, richtig eingeschätzt zu haben. Nur so ist zu verstehen, dass für ihn die Revolution vom November 1918 *„unvermutet eingetreten"* sei. Berühmt ist der Satz, den ein Arbeiter dem im Hofgarten wandelnden König zugerufen haben soll: *„Majestät gengan S' hoam, sonst passiert Ihnen no was!"* Zwar waren die bayerischen Kriegsverluste hoch, und seit 1915 konnte eine ausreichende Lebensmittelversorgung nicht mehr gewährleistet werden, sodass es zwischen Stadt und Land zu Spannungen kam. Doch schob man das alles auf *„die droben in Berlin"* und hielt das Königshaus aus der Kritik heraus.

Auch die Revolutionäre der verschiedensten Richtungen, die nun Straßen und Bierkeller beherrschten, zeigten keinerlei Anstalten, die Residenz zu stürmen oder sich gar am Königshof schadlos zu halten. Die überstürzte Flucht Ludwigs III. und seiner Entourage per Automobil von München über Schloss Wildenwart nach Salzburg und weiter nach Ungarn wäre gar nicht nötig gewesen. Die Königszeit war so oder so vorbei.

112

Die Macht im Lande: politische Parteien

Sollte der Eindruck entstanden sein, die Regenten hätten wirklich regiert, so trifft das schon seit Max II. (reg. 1848–1864) nicht mehr zu. Dem Königshaus kam die Repräsentation nach innen und außen zu, eine Pflicht, die seine Vertreter – mit der Ausnahme Ludwigs II. – durch Reisen innerhalb Bayerns und ins Ausland souverän meisterten. Landtag und Kabinett lenkten das Land. Seit dem Epochenjahr 1848 kristallisierten sich politische Parteien heraus. Sie konnten ihre konfessionelle und regionale Bindung nicht verleugnen. Evangelische aus Franken neigten dem Liberalismus zu, der sich die bürgerlichen Freiheiten und die Öffnung der Wirtschaft zum Ziel setzte. Dass die Liberalen im katholischen Oberbayern keinen politischen Hort fanden, liegt auf der Hand.

Die altbayerische, besonders oberbayerische Partei *par excellence* fand ihren Rückhalt im katholischen Konservatismus, der sich 1869 in der „Patriotenpartei" formierte und sich ab 1887 „Bayerische Zentrumspartei" nannte. Der Tatsache, dass sie die von der Geistlichkeit geführte bäuerlich-kleinbürgerliche Landbevölkerung vertrat, brachte ihr in der gegnerischen Presse den Namen „Schwarze" (nach der Priestersoutane) und „Ultramontane" ein, weil sie sich ihre Order *„ultra montes"* (jenseits der Berge, also in Rom) einholten. Im Parlament mussten die Konservativen immer ihre einfache Mehrheit gegenüber den Liberalen verteidigen. Die Parteienverteilung gab ein getreues Abbild der konfessionellen Spaltung in ein protestantisches Mittel- und ein katholisches Nord- und Südbayern wieder. Als Führungspersönlichkeiten des Staates kamen indessen vermehrt Liberale zum Zuge, meist Pfälzer und Franken. Für den „schwarzen Süden" bedeutete dies ein permanentes Ärgernis und ein Gefühl der Zurücksetzung. Minister, höhere Bürokratie und Landtagsabgeordnete bildeten die neue politische Klasse. Um es gleich zu sagen – Oberbayern spielten darin nur eine bescheidene Rolle. Ludwig Thomas bieder- und hintersinniger Ökonom und Volksvertreter Jozef Filser mag eine grotesk überzeichnete Karikatur sein, aber auf realer Grundlage. Im Vordergrund standen der eigene Vorteil und der seiner Klientel.

„Siebzgerkrieg" und Reichsgründung 1870/71

Die großen Bewegungen der Zeit gingen derweil über das oberbayerische Land hinweg. Otto von Bismarck, preußischer Ministerpräsident von 1862 bis 1871, war nicht unpopulär im Süden,
zumal ihm verschiedene bayernfreundliche Sätze zugeschrieben
wurden. Der von ihm initiierte Zollbund von 1866 nützte auch
Münchner und oberbayerischen Handelstreibenden und Agrariern.
Ein geheimer Militärpakt mit Berlin stürzte dann Bayern in den
Deutsch-Französischen Krieg von 1870. König Ludwig II. und eine
starke katholisch-konservative Fraktion stemmten sich vergeblich
dagegen. Doch nach den ersten Siegen bayerischer Truppen
schwappte die patriotische und dann die deutsch-nationalistische
Welle hoch. Liberale und Presse forderten und erreichten schließlich die Eingliederung Bayerns ins preußisch beherrschte Deutsche
Reich, die in der Kaiserproklamation vom Januar 1871 ihren Abschluss fand. Die Patriotenpartei hatte verloren, zumal zuletzt auch
noch ihr profiliertester Vertreter, Professor Johann Nepomuk Sepp
(1816–1909) aus Tölz, zugunsten der Reichseinheit umgeschwenkt
war. Man hätte aufgrund der bestehenden Verträge mit Berlin
auch keine andere Chance gehabt. Der breiten Bevölkerung war es
genug, wenn sie ihren „Kini", ihre eigenen Briefmarken, Post und
Eisenbahn und die Hofbräuhäuser behalten durften. „Bayerische
Reservatrechte" nannte man das. Noch preußischer konnte die
Ministerriege ja „schwarzer" Ansicht nach gar nicht mehr werden!
Und Ludwig II. nahm die bismarckschen Schweigegelder für seine
kostspieligen Steckenpferde gerne an. Als Gegenleistung hatte der
König den von Bismarck formulierten „Kaiserbrief" unterschrieben,
in welchem Bayern Wilhelm I. als deutschen Kaiser anerkannte.
Der siegreiche Ausgang des „Siebzgerkrieges" war im Lande zudem
höchst populär und wurde auch in oberbayerischen Dörfern mit
zahlreichen Denkmälern und Veteranentreffen gefeiert.

Reichsgründung und Wegfall der Grenzen bewirkten einen gewaltigen Modernisierungsschub in Industrie und Handel. Auch
in München boomte die Gründerzeit und bescherte einer neuen
Unternehmerklasse Reichtum und Einfluss. Und auch die
streckte ihre Fühler primär ins Oberbayerische hinaus, inves-
tierte dort und ließ sich – nach königlichem Vorbild – prächtige
Villen in die Voralpenlandschaft stellen. Die Industriellenfamilie

Cramer-Klett (Gründer der „Maschinenfabrik Augsburg–Nürnberg", M.A.N.) erwarb z. B. die alte Burg Hohenaschau und ließ sie von 1875 bis 1908 nicht nur repräsentativ, sondern auch mit der modernsten Aufzugstechnik ausbauen.

Bauernbund und Sozialdemokraten

Industrialisierung und soziale Umwälzungen nach 1870 veränderten die Parteienlandschaft auch in Oberbayern. Reichskanzler Bismarck (im Amt 1871–1890) bestand auf strikter Trennung von Staat und Kirche, was zum „Kulturkampf" mit der katholischen Amtskirche führte. Streitpunkte waren die Einführung der Zivilehe und die staatliche Schulaufsicht. Bei den Nationalliberalen fielen diese Forderungen auf fruchtbaren Boden, auch in Bayern. Im katholischen Oberbayern verstärkte der „preußische Kulturkampf" hingegen den Einfluss der „Ultramontanen" auf die katholische Landbevölkerung. Andererseits zeigten sich nun Spaltungstendenzen innerhalb des konservativen Blocks. Die auf die Interessen der Großagrarier und Großgrundbesitzer zugeschnittene Politik der Zentrumspartei, die meist vom alten Landadel und seinen Günstlingen angeführt wurde, stieß bei den einfachen ländlichen Wählern zunehmend auf Kritik. Ihren Forderungen kam der neu gegründete Bayerische Bauernbund nach. Ein linker Flügel vertrat Kleinbauern, Landarbeiter und die in die Städte geströmte entwurzelte Landbevölkerung. Der Bauernbund agierte durchaus radikaldemokratisch und mitunter antiklerikal. Man sah sich in der Tradition patriotischer Bauernrebellen. Viele „linke" Zentrumsangehörige wandten sich in den 90er-Jahren dem durchsetzungsfähigen Bayerischen Bauernbund zu, der eine sozialreformerische Politik vertrat. In ihm spielten nun endlich auch ein paar Oberbayern eine tragende Rolle, wie Georg Eisenberger (1863–1945) aus Ruhpolding und der Geistliche und soziale Reformer Dr. Georg Ratzinger (1844–1899).

Die wachsende Industriearbeiterschaft fand in der Sozialdemokratie ihren Rückhalt. In Oberbayern konzentrierte sich daher das Wählerpotenzial auf München und auf kleinere

Industrie- und Arbeitersiedlungen wie Penzberg und Rosenheim. In der Parlamentswahl 1899 erreichte die Partei ihren ersten Achtungserfolg.

Kgl. Bayerische Sozialdemokratie

Für die „Kgl. Bayerische Sozialdemokratie" ist der Werdegang ihres ersten Vorsitzenden durchaus symptomatisch. Georg Freiherr von Vollmar (1850–1922) entstammte altem bayerischem Adel und diente u. a. als päpstlicher Gardist. In seinem Programm vertrat er die Umgestaltung der Gesellschaft durch Reformen und Fortschritt. Sowohl mit dem Zentrum wie mit dem Bauernbund und sogar mit den Liberalen kam es zu oppositionellen Wahlbündnissen. Die sozialdemokratische Partei setzte auf Fortbildung und baute ein straffes Netzwerk aus Arbeiterbildungs-, Turn- und Konsumvereinen auf.

Was München betrifft, müssen noch andere Richtungen und Gruppen erwähnt werden, deren politische Bedeutung zwar nicht auf den ersten Blick erkennbar ist, die aber 1918 „plötzlich" ins Rampenlicht treten und weiter eine eminente Rolle spielen werden. München war ein beliebtes Exil für politisch verfolgte Schriftsteller und Parteiführer, die um die Jahrhundertwende zumeist aus dem russischen Zarenreich kamen. Wladimir I. Lenin weilte hier genauso wie Leo Trotzki. Lenins Besuch des Oktoberfestes 1901 ist verbürgt. Trotzki kam später, 1905. Obwohl diese beiden distinguiert bürgerlich auftretenden Herren – Lenin mit Ehefrau – im bayerischen Gastland auf Agitation verzichteten, scharte sich ein Kreis revolutionärer Geister um sie. Kommunismus ging dabei, entgegen den Intentionen Lenins wie Trotzkis, mit Anarchismus eine bizarre Mischung ein. Diese Münchner „Revoluzzer" wurden zwar vom Bürgertum milde belächelt und von den politischen Kräften ignoriert. Doch die biederen Sozialdemokraten mussten sich verzweifelt gegen diese revolutionären Attitüden wehren und waren nicht unglücklich, als sich 1917 ihr radikaler linker Flügel als „Unabhängige Sozialdemokraten" (USPD) abspaltete. Als deren bayerischer Führer trat Kurt Eisner auf, der 1910 von der Spree an die Isar gekommen war.

Umbruch der Wirtschaft während der Monarchie

Bis ins 20. Jahrhundert bildete allein die Landwirtschaft den dominierenden Wirtschaftszweig Oberbayerns. Vieh, Getreide, Holz, Hopfen und Bier gingen in den Export. Königshaus und Staat waren bemüht, den landwirtschaftlichern Standard durch moderne Anbau- und Züchtungsmethoden zu heben, was nicht immer Gegenliebe hervorrief. Max II. förderte die agrarchemischen Versuche Justus von Liebigs mit Kunstdünger auf dem Weihenstephaner Klosterberg, stieß aber bei der konservativen Bauernschaft zunächst auf Skepsis.

Mehr Erfolg versprach zunächst die Forstwirtschaft. Ursprünglich bestanden Oberbayerns natürliche Wälder aus Laubwald, zumeist Buchen und Eichen, durchsetzt mit Linden, Ahorn und Eschen. Nadelhölzer waren nur in den Gebirgsregionen verbreitet. Das änderte sich seit dem 18. Jahrhundert, als Staat und Klöster daran gingen, systematisch aufzuforsten, um Nutzholz zu gewinnen. Und zwar mit schnell wachsenden Fichten, dem „Brotbaum" der Waldwirtschaft. Forstleute des Klosters Ebersberg legten den „Ebersberger Forst" an, der mit 9000 Hektar bis heute eines der größten geschlossenen Waldgebiete Deutschlands darstellt. 1803 kam er in Staatsbesitz. Auch die anderen Forste im Umland Münchens – Höhenrieder Forst, Kreuzlinger Forst, Forstenrieder Park – sowie der Öttinger Forst zwischen Inn und unterer Salzach, sind künstlich angelegte Waldungen.

Glasherstellung und Glasverarbeitung sind seit jeher mit Bayern verbunden, allerdings eher in den quarzreichen Granitgebirgen des Bayerwaldes und der Oberpfalz. In Oberbayern lohnte sich die Ausbeute von verarbeitungsfähigem Quarzsand nur in Beuerberg. Der Rohstoff für die Glasschmelze wurde von hier zu kleinen Glashütten der Umgebung, deren bedeutendste in Bad Kohlgrub betrieben wurde, geschafft. Auch im säkularisierten Kloster Benediktbeuern nahm eine Glasbläserei und Glasschleiferei ihre Arbeit auf. Dort begann der Straubinger Josef Fraunhofer (1787–1826) seine erstaunliche Karriere. Es gelang ihm optische Linsen von bisher unbekannter Präzision zu fertigen. 1809 übernahm er das Benediktbeurer Optische Institut, das 1814 seinen Sitz in die Hauptstadt verlegte. Für Fraunhofer darf die Bezeichnung Genie verwendet werden. Er begründete als theoretischer Physiker die Lehre vom Licht und wirkte als Gründer der deutschen optischen Industrie.

Leben und Arbeiten der Handwerker- und Kleingewerbetreibenden war noch lange von der Zunftordnung bestimmt. Die 1868 proklamierte Gewerbefreiheit brachte vielen Kleinkrämern, welche die Zeichen der Zeit nicht erkannt hatten, den Ruin. Dafür entstanden nun modern eingerichtete Werkstätten, Fertigungsbetriebe und Kaufhäuser. Besonderen Aufschwung erfuhren Kunsthandwerk und Bauwirtschaft. München wandelte sein Gesicht. Zu den Adelspalästen traten nun elegante bürgerliche Vorstädte und weiter draußen und jenseits der Isar Kleinhäusler- und Arbeiterviertel. Max von Pettenkofer (1818–1901), aus dem Donaumoos gebürtig, initiierte ein modernes Kanal- und Abwassersystem. Auf ihn geht auch die Wasserversorgung Münchens aus dem Oberland, nämlich über Hochdruckleitungen und Wassertürme aus dem Mangfalltal (Taubenberg) zurück. Zwischen 1880 und 1910 wurden die Isarufer verbaut und der Fluss mit mehreren Brücken überspannt. Die Bauvorhaben brachten Tausende von Bau- und Facharbeitern in Lohn und Brot, die aus ganz Bayern, aber auch aus Tirol und dem Trentino kamen. Da gleichzeitig die Landwirtschaft durch den Einsatz von Mineraldünger und Maschinen aufblühte, herrschte Hochkonjunktur und – in der Rückschau – wirklich so etwas wie die „gute alte Zeit".

Seit dem 16. Jahrhundert galt Bier als das patriotische Getränk Altbayerns. Eine große Anzahl von Brauereien überzog das ganze Land. Auf 500 Bewohner kam sicher eine Sudstätte. Das klassische Anbaugebiet für den Hopfen war und ist bis heute die Hallertau, deren westlicher Teil um Pfaffenhofen und Wolnzach in Oberbayern liegt. Bis zu einem Viertel der gesamten Weltproduktion werden im sanften Hügelland der Hallertau geerntet. Da die Hopfenernte sehr kompliziert verläuft, kam die Mechanisierung erst Mitte des 20. Jahrhunderts in Schwung. Vorher strömten zur Pflück-Saison eine Viertel-million „Hopfenzupfer" aus allen Teilen Deutschlands in die Hallertau.

Lehm und Torf, Salz und Eisen

Die Rohstoffbasis war in Oberbayern – die Agrikultur ausge-nommen – schmal und begünstigte die Industrialisierung, wie sie im Nordbayerischen bereits früh im 19. Jahrhundert ein-setzte, nicht. Im Norden Münchens wurde seit jeher Lehm gefördert, der zu Backstein gebrannt wurde. Im 19. Jahrhun-dert wuchs der Bedarf an Baumaterial, sodass die Ziegelei industrielle Formen annahm. Der Brennstoff entstammte den zahlreichen Moosen (Mooren), die gerade in dieser Zeit trockengelegt wurden (Donaumoos, Dachauer- und Erdinger Moos, Murnauer- und Bernauer Moos). Die Torfstecherei war ein karges, aber sicheres Geschäft. Auch zur Salzgewinnung aus Sole wurde Torf in Rosenheim zentnerweise verheizt. Industriell baute man Torf in den 500 Hektar umfassenden Kendlmühlfilzen bei Grassau südlich des Chiemsees ab. Dort entstand ein eigener Torfbahnhof für die Feldbahn, eine Torfzerkleinerungsmühle und eine Torfballenpresse (heute Museum). Von 1895 bis 1976 setzte man Strafgefangene aus Laufen (Salzach) als Arbeitskräfte ein. 1988 wurde der Torf-abbau aus Naturschutzgründen generell eingestellt.

Tiefe Torfschichten bildeten auch die Grundlage des indus-triellen Aufschwungs von Kolbermoor. Wo früher Irrlichter übers Moor tanzten, entstand 1860 an der Bahnstrecke zwi-schen Holzkirchen und Rosenheim eine Baumwollspinnerei. Torf und die starke Strömung der Mangfall trugen die dazu nötige Energie bei. Ein Brand zerstörte zwar das erste Spin-nereigebäude 1898, aber nur um moderneren Anlagen Platz zu machen. Kolbermoor repräsentierte mit seinen sozialen Ein-richtungen, Schulen und Werkswohnungen eine geordnete Industriegemeinde. Die ausländische Billigkonkurrenz erzwang 1993 jedoch die Werksschließung.

Seit langem versuchte man, an die „Bergschätze" heranzukommen. Die Salzbergwerke in Berchtesgaden und Reichenhall warfen lukrative Gewinne ab. Soleleitungen wurden bis Traunstein und Rosenheim verlegt. 40 000 Tonnen des Minerals förderte man jährlich. Technische Neuerungen und Verdampfungsverfahren ermöglichten 1912 die Schließung der Fernsalinen in Traunstein und 1958 in Rosenheim. Die Saline Berchtesgaden wurde 1927 geschlossen, die Sole aber weiterhin nach Reichenhall gepumpt. Seit dem Bau der dortigen Neuen Saline im selben Jahr konzentriert sich die Salzgewinnung ganz auf Bad Reichenhall. Auf 240 000 Tonnen beläuft sich gegenwärtig die jährliche Ausbeute.

Seit der Vorzeit schürfte man nach Metallen. Erze in größerem Umfang wurden seit dem Mittelalter am Teisenberg im Rupertiwinkel, am Kressenberg im Chiemgau und im Wettersteingebirge (Hammersbach) abgebaut und in der Nähe verhüttet. Allenthalben trieb man Stollen ins Gestein, fündig wurde man in den wenigsten Fällen, oder der Abbau lohnte sich bald nicht mehr, wie am Wendelstein und Heuberg im Inntal. In Mittenwald, unter dem Gipfel des Hochstaufen, und am Rauschberg bei Inzell wurden kleine Lagerstätten von Blei und Zinkerzen (Galmei) ausgebeutet. Um Ruhpolding erinnern noch Orts- und Flurnamen wie Eisenärzt, Schmelz, Knappensteig, Hammer oder Eisenberg an Erzabbau. Deutschlands „höchstes Bergwerk" entstand im Höllental hinter Garmisch. Von 1827 bis 1861 wurde hier Blei abgebaut. Als man Molybdän (zur Stahlhärtung) entdeckte, wurde der Betrieb von 1908 bis 1925 wieder aufgenommen.

Die Eisenverhüttung bei Bergen am Chiemsee geht schon auf das 16. Jahrhundert zurück. Unter König Max I. Joseph wurde das Werk erweitert und nach ihm Maxhütte genannt. Die Belegschaft umfasste etwa 150 Mann. Torf aus den nahen Moosen lieferte das Brennmaterial für die Hochöfen und Schmieden. In erster Linie versorgte die Maxhütte die vielen kleinen Hammerschmieden der Umgebung mit Roheisen, aus denen dann Alltagsgeräte und Werkzeuge hergestellt wurden. Gegen das Ruhrgebiet und Oberschlesien vermochte die bayerische Eisenherstellung zwar nicht zu konkurrieren. Sie beteiligte sich aber an der Fertigung von Prestigeobjekten wie der Münchner Schrannenhalle und dem gusseisernen Glaspalast. 1932 wurde die Maxhütte geschlossen.

Einheimische Metalle wurden in der Königlichen Münchner Erzgießerei an der Nymphenburgerstraße verarbeitet. Eine technische Meisterleistung stellte die Fertigung der 18,5 Meter hohen Kolossalstatue der „Bavaria" und ihre Aufstellung über der Theresienwiese im Jahre 1850 dar. Ludwig von Schwanthaler hat sie entworfen, Ferdinand von Miller in Bronze gegossen. Hunderte von Denkmalen, Brunnen, gusseiserne Brückenteile und Verstrebungen wurden in der Gießerei hergestellt und bis in die USA exportiert.

Lagerstätten und Kohlegruben im Oberland

Kohle war die Vorraussetzung zum Aufbau der Schwerindustrie, der Schlüsselindustrie des 19. Jahrhunderts. Oberbayern verfügt über große unterirdische Kohlevorkommen und Flöze, die sich vom Lech bis zur Mangfall erstrecken. Es handelt sich dabei um Pechkohle bzw. Hartbraunkohle, die nur den halben Heizwert der Steinkohle erreicht.

Schon im 16. Jahrhundert entstanden in Peiting, Peißenberg, Penzberg, Hausham und Marienstein (Waakirchen) Kohlegruben (bairisch: „Mulden" oder „Gruben", vgl. den Ortsnamen „Kohlgrub"), die dann im 19. und 20. Jahrhundert technisch und industriell erschlossen wurden. Penzberg war Anfang des 19. Jahrhunderts noch ein Flecken von 20 Einwohnern gewesen. Mit dem Untertageabbau der Kohle ab 1838 wuchs hier mitten im oberbayerischen Bauernland ein Industrieort mit Kohlenzeche und Arbeiterkolonien empor. 1873 entstand der regelmäßig angeordnete Ortskern. Die Bergleute kamen aus Schlesien, Böhmen, Oberösterreich und Tirol. Bereits 1919 wurde Penzberg Stadt. Obwohl das Bergwerk immer auf dem neuesten technischen Stand gehalten wurde, schloss es 1966 seine Pforten. Das Vordringen von Öl und Gas als neue Energieträger auf dem Weltmarkt machte den Abbau von Hartbraunkohle zunehmend unrentabel.

1837 trieb man am Hohenpeißenberg den ersten Stollen in die Erde, sechs weitere folgten. Zu Peißenberg gehörte das Bergwerk Peiting. Seit 1875 ermöglichten Bahnanschlüsse den Transport der oberbayerischen Kohle nach Augsburg und München. Das Bergwerk Peißenberg erzielte auf hohem technischem Niveau beachtliche Förderleistungen und erlebte noch nach dem Zweiten Weltkrieg einen gewaltigen Aufschwung. 1968 endete die Arbeit in Peiting, 1971 in Peißenberg. In Hausham bei Miesbach erinnert der Förderturm an den Kohleabbau, der hier von 1860 bis 1966 betrieben wurde. Die Bergknappen des bayerischen Oberlandes brachten eine eigene Tradition hervor, die sich in Uniformen, Brauchtum und Festen zeigt. Politisch neigten sie der Sozialdemokratie zu und bildeten ein Gegengewicht zum konservativ geprägten Umland. Penzberg, Peißenberg und Hausham verdanken ihre urbane Existenz dem industriellen Bergbau des 19. Jahrhunderts. In ihrer nach Plan entworfenen Stadtanlage unterscheiden sie sich von den umliegenden gewachsenen Landstädtchen und Märkten.

Dampf- und Motorkraft

Die Dampfkraft hatte in Bayern 1804 mit dem maschinenbetriebenen Prägestock in der Staatlichen Münze Einzug gehalten. Bald fand sie weitere Verwendung: Das 1837 von Josef Anton von Maffei gegründete Hammerwerk war die erste industriell betriebene Fabrik Oberbayerns. 1841 rollte dort die erste bayerische Dampflokomotive aus der Werkshalle. Sie hieß „Der Münchner". Fabrik- und Werksgelände befanden sich in der Hirschau beim Englischen Garten. Von 1850 bis 1913 stieg die Zahl der Arbeiter bei Maffei von 500 auf 2100. Das stetig wachsende Schienennetz der Bayerischen Staatsbahn und mehrerer privat betriebener Vizinalbahnen erforderten die Serienherstellung der eisernen Ungetüme. Das Modell „Bavaria", das sich besonders auf Gebirgsstrecken bewährte, entwickelte sich zum Verkaufsschlager ins Ausland. Maffei produzierte auch dampfbetriebene Textilmaschinen und Stahlschiffe, wie den

122

Dampfer „Maximilian" für den Starnberger See und die *Steamer* (Dampfschiffe) für die Donaudampfschifffahrtsgesellschaft.

1866 gründete Georg von Krauss auf dem Münchner Marsfeld eine weitere Lokomotivenfabrik. Beide Unternehmen fusionierten 1931 zur Krauss-Maffei AG in Allach. Mit dem Eisenbahnbau in Zusammenhang steht die Anlage der Knorr-Bremsen- Fabrik in Moosach. Sie leitete die Industrialisierung des Münchner Nordens ein. Die Arbeitskräfte kamen aus dem Dachauer und Freisinger Raum.

Die „Allgemeine Deutsche Industrieausstellung" wurde 1854 nach München einberufen. Sie fand im Glaspalast statt, einer riesigen, aus Eisenverstrebungen und Glas konstruierten Halle, die eigens zu diesem Zweck im Alten Botanischen Garten errichtet wurde. Hauptlieferant war die Augsburg-Nürnberger Maschinenfabrik Klett, die spätere MAN. Im Inneren des Glaspalastes wurden dem staunenden Publikum auf 11 000 Quadratmetern Grundfläche Textilmaschinen, Dampfloks, Telegrafen, Fototechnik, Gaslaternen und Erzeugnisse der chemischen Industrie vorgeführt.

Trotzdem repräsentierte München keine Industriestadt mit rauchenden Schloten, wie sie im Norden und Westen Deutschlands entstanden waren. Karl Bosl sprach von der *„geminderten Industrie"* in Bayern. Der Anteil der Arbeiterschaft wuchs zwar, erreichte aber nicht die Bevölkerungsmehrheit. Bayerns arbeitsintensive Schwerindustrie konzentrierte sich in Nürnberg, Schweinfurt und zu einem gewissen Grade auch in Augsburg. München blieb vorab bürgerliche Residenz-, Verwaltungs-, Kunst- und Universitätsstadt. Der rasante Aufschwung der Technik und ihr Ausgreifen in alle Lebensbereiche machte die Förderung und wissenschaftliche Ausbildung von Nachwuchskräften erforderlich. Die Gründung der Technischen Hochschule in München trug dem 1868 Rechnung.

Wasserkraft liefert Strom

Mit Oskar von Miller (1855–1934) gewann die neue Energieform der Elektrizität rasch an Boden. Die reißenden Alpenflüsse boten sich zur Stromgewinnung ja auch an. Miller konstruierte die erste elektrische Straßenbeleuchtung Münchens, die von einem Mangfallkraftwerk bei Miesbach gespeist wurde. 1882 organisierte er die erste deutsche Elektrotechnische Ausstellung in München. Als genialem Ingenieur gelang es ihm, Strom von den Turbinen eines Flusskraftwerks über weite Distanzen zum Ort des Verbrauchs zu übertragen. Isarkraftwerke wie Höllriegelskreuth (1894) und das Maxwerk am Einlauf des Auer Mühlbaches (1895) lieferten Strom für die Münchner „Elektrische" (Straßenbahn).

Zwischen 1905 und 1918 wurden Kanäle vom Flussbett der Isar abgeleitet, um die Isarkraftwerke Mühltal und Uppenborn bei Moosburg mit ausreichend Wasser zu versorgen. Die Leitzach speiste ein Speicherkraftwerk. Auch an Loisach, Ammer und Amper (1892 Schöngeising) entstanden kleinere Wasserkraftwerke, die zur Elektrifizierung des oberbayerischen Bahnnetzes beitrugen.

Millers Generalplan zur Erschließung der oberbayerischen Wasserkraft war zukunftsweisend. Nach dem Ersten Weltkrieg wurde der Mittlere Isarkanal vollendet. Er verlässt den Fluss bei Unterföhring, füllt zuerst den Speichersee und vereinigt sich nach 54 Kilometern unterhalb Moosburgs wieder mit dem natürlichen Flusslauf. Sein Wasser bedient die Kraftwerkskette von Neufinsing bis Pfrombach.

Das Walchenseekraftwerk

Ein besonderes Prestigeobjekt Millers war das Walchenseekraftwerk, das aber erst 1918 bis 1924 realisiert wurde. Zu diesem Zweck wurde ein Teil des Isarwassers bei Krün künstlich in den Walchensee geleitet. Von dort stürzt das Wasser durch 6 Rohre in den 200 Meter tiefer gelegenen Kochelsee und betreibt beim Einlaufkraftwerk Urfeld 8 Turbinen. Das Walchenseekraftwerk war das modernste seiner Zeit und bekräftigte den Vorsprung und die Weltgeltung deutscher Technik. Der erzeugte Strom floss zum Teil in das oberbayerische Leitungsnetz der Eisenbahn, deren Gesicht sich von der rußigen alten Dampflok zur eleganten E-Lok wandelte.

Das von 1918 bis 1924 erbaute Walchenseekraftwerk war die modernste hydroelektrische Anlage ihrer Zeit.

Das südostbayerische Chemie-Dreieck

Mit der Ausnutzung der Wasserkraft aus Flüssen hängt auch die Entstehung des südostbayerischen Chemie-Dreiecks zusammen. Das Gebiet um Altötting, Burghausen und Trostberg drohte schon den Anschluss ans Industriezeitalter zu verpassen und ins Hinterwäldlerische abzusinken – bis man die Wasserkraft entdeckte. Und die gab es in dieser Region reichlich mit Inn, Salzach und Alz. Der Industriepionier Alexander Wacker legte 1913 mit der Alzstaustufe den Grundstein zum Aufbau der modernen chemischen Industrie in Burghausen. 1922 war der 16 Kilometer lange Alzkanal zur Salzach fertig gestellt und vervielfachte noch einmal die Energieversorgung der Wacker-Werke, die zum größten Chemie-Standort in Bayern aufstiegen. Neben Wackers monumentaler Produktionsstätte nahe Burghausen siedelten sich in Trostberg die Bayerischen Stickstoffwerke (Kunstdünger), in Töging am Inn die Bayerische Aluminium AG und in Gendorf an der Alz ein Zweigwerk von Hoechst an. Zusammen mit zahlreichen kleineren Zulieferbetrieben bilden sie das südostbayerische Chemie-Dreieck.

„Bayerische Motorenwerke" (BMW)

Ende des 19. Jahrhunderts lösten die Verbrennungsmotoren die Dampfmaschinen ab. Bereits 1888 fand die erste „Kraft- und Arbeitsmaschinenausstellung" in München statt, zu welcher Gelegenheit das 1. Automobil mit Ottomotor auf Münchner Straßen fuhr. Nach 1900 war dies in München nichts Besonderes mehr, wohl aber auf dem Land, wo die Chausseen noch nicht auf den Kraftverkehr eingestellt waren. MAN stellte 1897 den ersten Dieselmotor vor. Auf dem Münchner Oberwiesenfeld vereinigten sich mehrere Motorenhersteller 1916 zu den „Bayerischen Flugzeugwerken", die ab 1917 den Namen „Bayerische Motorenwerke" (BMW) führten. Während des Ersten Weltkriegs standen Flugzeugmotoren auf der Produktionsliste, woran heute noch das BMW-Signet, ein stilisierter Propeller, erinnert. Das Oberwiesenfeld diente als werkeigener

Flugplatz. Die 1912 gegründete „Kgl. Bayerische Fliegertruppe" bezog den Militärflughafen Schleißheim (heute Museums-Flugwerft). Das weitere Geschick der BMW AG werden wir weiter unten verfolgen.

Wenig überraschend ist der Aufschwung der Schwer- und Kriegsindustrie während des Ersten Weltkrieges. Industriestandorte in Oberbayern waren neben München kriegswichtige Fabriken in Dachau, Ingolstadt und die Krupp-Geschützfabrik in Freimann. Die neuen Fabrikanlagen erforderten einen regen Zuzug von auswärtigen Arbeitskräften. Viele kamen aus den Industrieräumen Deutschlands, aus dem Ruhrgebiet, aus dem Berliner Raum und aus Schlesien. Im ländlichen Oberbayern verstärkte sich die Abwanderung nach München, wo 600 Fabriken reichliche Arbeitsplätze boten. Das Ergebnis war ein eklatanter Mangel an kostengünstigem Wohnraum. Immobilienspekulation heizte die Wohnungsnot weiter an. Betten wurden rund um die Uhr an „Schlafgänger" vermietet. 1918 zählte der Regierungsbezirk Oberbayern 1,68 Millionen Einwohner. Auf München konzentrierten sich davon 0,7 Millionen, also nicht ganz die Hälfte.

Von der Monarchie zur Diktatur (1918–1945)

Revolution und Gegenrevolution (1918/19)

Gegen Kriegsende waren die sozialen Gegensätze enorm angewachsen. Die Schere zwischen wenigen Wohlhabenden und der Masse der Besitzlosen öffnete sich weiter. Lediglich der Mittelstand aus Staatsbeamten, kleinen Privatiers und Gewerbetreibenden vermochte einen gewissen Ausgleich zu schaffen. Die bayerischen Sozialdemokraten plädierten zwar, wie im gesamten Reich, für die Republik, verhielten sich aber staatstreu und reformorientiert. Lediglich die „Unabhängigen Sozialisten", die sich unter Kurt Eisner 1917 von der Mehrheitsfraktion abgespalten hatten, verfochten ein revolutionäres Konzept. Aus einer Massenveranstaltung, der Münchner Friedensdemonstration vom 7. November 1918 auf der Theresienwiese, erwuchs die erste Münchner Räterepublik. Der provisorische Ministerpräsident Eisner erklärte vor der Räteversammlung König Ludwig III. für abgesetzt und Bayern zum „Freien Volksstaat".

Ämter und Behörden arbeiteten weiter wie gehabt, das Bürgertum zeigte sich zunächst indifferent, zumal sich an den Besitzverhältnissen nichts änderte. Thomas Mann, seit 1894 in München lebend, notierte pikiert: *„München und Bayern, regiert von jüdischen Literaten. Wie lange wird es sich das gefallen lassen?"* Auf dem Lande formierte sich der Widerstand, der sich besonders über den „jüdisch-bolschewistischen" Führer der Räteherrschaft, Kurt Eisner echauffierte. Im Oberland gelang es einzelnen Militärführern, bewaffnete Freikorps und Geheimbünde zu organisieren. Auf linker Seite entstanden Arbeiter- und Soldatenräte in einigen größeren Gemeinden Oberbayerns, so in Landsberg und in Kochel, wo sich die Arbeiter des Walchenseekraftwerks bewaffneten.

Die ersten bayerischen Nachkriegswahlen vom Januar 1919 bescherten den Sozialdemokraten, den Liberalen und der konservativen Bayerischen Volkspartei (BVP) je ein Drittel der Stimmen. In Oberbayern votierten die weitaus meisten Wähler und Wählerinnen für die BVP. Eisners Partei landete mit nur 3 Mandaten völlig im Abseits. Auf dem Weg zum Parlament, wo er seinen Rücktritt bekannt geben wollte, fiel Kurt Eisner einem Mordanschlag zum Opfer. Der Attentäter entstammte der gräflichen Familie Arco-Valley, die in Oberbayern seit Jahrhunderten ansässig ist. Die Hintergründe und eigentlichen Drahtzieher der Tat wurden in der höchst oberflächlichen Gerichtsverhandlung nicht aufgeklärt. Genannt werden in der heutigen Literatur wechselweise monarchistische und rechtsradikale Hintergründe.

Die Wirren nach Eisners Tod führten zu mehreren revolutionären Wellen, die in der Ausrufung der Bayerischen Räterepublik am 7. April 1919 gipfelten. Ihre ersten Wortführer entstammten dem Schwabinger Literaten- und Künstlermilieu. Gustav Landauer, Ernst Toller und Erich Mühsam waren sicher beseelt, die Gesellschaft menschengerecht zu ändern, doch erwiesen sie sich in der immer brutaler werdenden Realität als Phantasten. In München wurde von der Kommunistischen Partei die „Rote Armee des Proletariats" ins Leben gerufen.

Außerhalb Münchens sammelte sich dagegen die „Weiße Armee". Dem bayerischen Freikorps des Obersten Franz von Epp (1868–1946, Sohn eines Münchner akademischen Malers) kam darin die Schlüsselrolle zu. Seiner Einheit schlossen sich der Heeresoffizier Ernst Röhm und der Student Heinrich Himmler, beide Münchner, sowie die aus Geisenfeld stammenden Brüder Gregor und Otto Strasser, an. Die Genannten werden beim Aufstieg des Nationalsozialismus in Bayern eine wichtige Rolle spielen.

In dieser Lage putschten sich überzeugte Kommunisten an die Spitze der Räte und richteten sofort nach sowjetischem Vorbild die „Diktatur des Proletariats" ein. Radikale Erlasse über Verstaatlichungen und Enteignungen verschreckten das Bürgertum, das in den Häusern blieb und die revolutionären Umtriebe ungläubig verfolgte. Die Bayerische Regierung wich nach Bamberg aus, die oberbayerischen Behörden zogen sich nach Landsberg zurück. Als sich der militärische Druck von außen verstärkte, wurden zahlreiche Geiseln genommen. Bei Freising und Dachau hielten die „Roten" den „weißen" Vormarsch kurzzeitig auf. Vom 1. bis 3. Mai 1919 dauerte die Einnahme Münchens durch das militärisch geführte Freikorps Epp. Beteiligt an den Kämpfen mit der so genannten Roten Armee waren auch Volkswehren aus dem oberbayerischen Oberland. In Kolbermoor kam es zu einer Schießerei zwischen „Spartakisten" und der Chiemgauer Bauernwehr. Bei Burgrain (Garmisch) lieferten sich Revolutionäre aus München und Kochel mit der Garmischer Einwohnerwehr Feuergefechte.

Besser organisiert und strafferer Organisation unterworfen waren die nach 1919/20 gegründeten rechtskonservativen Wehrverbände, das Freikorps Oberland und die in der „Organisation (Georg) Escherich" (Orgesch) zusammengeschlossenen Einwohnerwehren. Die Orgesch hielt Oberbayern mit der Losung „Ruhe und Ordnung" – man muss sagen, mit Unterstützung der Bevölkerung – fest im Griff. Sie respektierte die zentralistische Weimarer Verfassung („Reichsrecht bricht Landesrecht") und die republikanische (freistaatliche) bayerische Verfassung vom 14. August 1919. Alle im Parlament vertretenen Parteien, auch die bewusst bayerisch-patriotisch auftretende BVP, hatten ihr zugestimmt. Mit den bayerischen Sonderrechten (Heer, Post, Eisenbahn, Auslandsvertretungen) in Gesamtdeutschland war es somit endgültig vorbei.

Der Bevölkerung kam das Ende des selbstständigen Bayern freilich erst allmählich zu Bewusstsein. Die Aufführung besonders bayerisch-eigenständiger Politik und die theatralische Abwendung vom deutschen Zentralstaat, sei er nun in Weimar, Bonn oder Berlin verortet, gehört seitdem zur Konstante bayerischer Regierungen bis heute.

Antijudaismus und Antisemitismus

Der Eindruck, den das kurzzeitige Räteregime hinterlassen hatte, war besonders im bürgerlichen Lager verheerend. Während sich im Großbürgertum und im Mittelstand der patriotisch-bayerische Gedanke verfestigte und man sich die

verklärte Monarchie zurückwünschte, machten sich im Klein-
bürgertum und auch in der Arbeiterschaft rechtsradikale Über-
zeugungen breit. Gewiss hatten die Kommunisten während
ihrer paar Tage Herrschaft Gewalt ausgeübt und sich in revolutionärer Rhetorik geradezu überschlagen. Doch der nachfol-
gende „Weiße Terror" überzog Monate lang ganz München
und Oberbayern und kostete mehrere Hundert Unschuldige
das Leben. Dazu kam ein hysterischer Antisemitismus. Die
führenden Akteure des Rätespektakels waren jüdischer Herkunft gewesen, was der rechten Propaganda den willkommenen
Anlass lieferte, für die ganze desolate Nachkriegslage die wenigen Wochen unter der „jüdisch-bolschewistischen" Weltver-
schwörung verantwortlich zu machen.

Ludwig Thoma im „Miesbacher Anzeiger" (1920/21)

Ludwig Thoma hat in seinen berüchtigten Miesbacher Tiraden die
aufgehetzte Stimmung auf dem Lande gegen die „verderbte rote
Stadt" wiedergegeben. Der alternde Schriftsteller verquirlte ein
Gebräu aus Nationalismus, Antisemitismus (besonders gegen die
„Ostjuden") und Antisozialismus mit Antiurbanität und ober-
bayerischer Kraftlackelei, dessen Explosivität ihm wohl gar nicht –
wie wir hoffen – bewusst gewesen ist. Die Rede ist von „Sau- und
Regierungsjuden", „Giftkröten" und „galizischen Rotzlöffeln", die
eine „Deppokratie" errichten. Thoma traf damit wohl den Nerv der
Zeit. Die mit dem Pseudonym Dr. Lorenz Matthäi unterzeichneten
Hetzartikel konnten erst 1989 eindeutig Ludwig Thoma zugewie-
sen werden.

In Oberbayern konzentrierte sich die Judenschaft ganz auf
München, wo die mosaische Kultusgemeinde bis 1933 etwa
12 000 Menschen umfasste. Sie lebten meist in gesellschaftlich
und beruflich gehobenen Positionen. Die großen Familien der
Eichthal, Seligmann und Hirsch waren längst völlig assimiliert
– und zum Teil auch christlich konvertiert. Die wenigsten
jüdisch-stämmigen Geschäftsleute und Unternehmer der Gründerzeit wurden von ihrer Umwelt überhaupt als „Juden" wahrgenommen, zumal sich bei ihnen, genauso wie bei den Chris-
ten, die Tendenz verstärkte, die Religion nicht mehr aktiv

auszuüben. Das „jüdische" Bürgertum und die Münchner jüdischen Ärzte und Professoren unterschieden sich in ihrem Habitus nicht von bayerischen Großbrauern, Gastwirten und Realitätenbesitzern. Sie engagierten sich als Mäzenaten in Fußballvereinen (wie dem FC Bayern), im Natur- und Landschaftsschutz und im Alpenverein. Einige wenige jüdische Familien lebten auch in Ingolstadt, Freising, Landsberg und in etlichen kleineren Städten.

Religiösen Antijudaismus hatte es im katholisch geprägten Oberbayern seit jeher gegeben. Er gehörte zum Instrumentarium der Kirche und wurde von den Gläubigen eher indifferent zur Kenntnis genommen. In den älteren Fassungen des Oberammergauer Passionsspieles z. B. bildet er einen integrierten Teil des Geschehens („ohne Judas kein Christus"). Antisemitische, d. h. rassische, Emotionen rief dies nicht hervor. Das änderte sich, als um die Jahrhundertwende eingewanderte Juden aus Russland und Polen (so genannte „Ostjuden") politisch aktiv wurden und sich auf Seiten des Marxismus engangierten. Und fatalerweise rekrutierten sich aus ihnen einige „Radikalinskis" der Münchner Räterepublik. Mit dem Auftreten des Rassismus, der die Juden nicht mehr religiös, sondern rassisch definierte und sie von den „Ariern" schied, entstand der Antisemitismus. Diese nun wachsende und von Rechts geschürte Ideologie richtete sich bald nicht nur gegen die „Sowjet-Juden", sondern auch gegen den Kapitalismus der Kriegsgewinnler – die „jüdische Plutokratie" – und gegen die jüdische Dominanz in akademischen Berufen. Hitler, der seit Ende 1918 in München weilte, notierte, nachdem er eine Rednerschule an der Münchner Universität absolviert hatte, im August 1919: *„Entfernung der Juden überhaupt".*

„Ordnungszelle Bayern"

Das Treffen der paramilitärischen oberbayerischen Heimwehren vom Schliersee, Tegernsee, Chiemgau, Isengau und Werdenfels auf dem „Landesschießen" zu München am 26. September 1920 kam einer eintägigen Besetzung Münchens durch

das Land gleich, die auch einen gewissen Einschüchterungs-
effekt gegenüber den „Roten" hervorrufen sollte. 40 000 Wehr-
männer in Waffen und mit weißblauen Fahnen marschierten
durch München und sammelten sich auf dem Königsplatz.
Dort hielt Ministerpräsident Gustav von Kahr eine Ansprache,
in welcher er die Aufgabe Bayerns als *Ordnungszelle des Reiches*" betonte. Nach dieser Demonstration der Stärke beruhigte
sich die Situation in den Landkreisen wieder. Auf dem Lande
formierte sich die Bayerische Volkspartei (BVP) als Sammel-
partei der konservativen, christlichen, föderalistischen und ver-
kappt-monarchistischen Gruppen. Sie wandte sich scharf gegen
rechts- wie linksradikale Tendenzen und blieb ihnen gegenüber
auch weitgehend immun.

Bayerns Eigenschaft als „Ordnungszelle" rief allerdings auch
Elemente auf den Plan, die gerade von hier aus die gewaltsame
rechtsextremistische Gegenrevolution starten wollten. Unter
den zahlreichen völkischen Geheimbünden war die elitär-rassis-
tische „Thule-Gesellschaft" mit Sitz in München wohl die
einflussreichste. Um General Ludendorff und seine Gattin
Mathilde, die sich in Tutzing niederließen, wurde die „Dolch-
stoßlegende" weiter gepflegt. Bei vielen der Gruppen war nicht
klar, ob sie nationalkonservative, nationalrevolutionäre oder
sozialrevolutionäre Ziele verfolgten. Elitedenken, Esoterik,
Führertum, Volkstum, Germanentum, Judenfeindschaft, Nationalismus und Sozialismus gingen seltsame Verbindungen ein.
Menschen gab es genug, die dafür empfänglich waren: entlas-
sene Soldaten und Offiziere, Erwerbslose und die große Masse
der Kriegsverlierer.

Eine besondere Gruppe bildeten desillusionierte und verbit-
terte Schriftsteller und Intellektuelle, die sich im Wortradikalis-
mus gefielen, vom bodenständigen Bauerntum wabernde „Blut
und Boden"-Romane verfassten oder vom mystischen Unter-
gang des Abendlands kündeten. Die wenigsten dieser Völkischen waren übrigens einheimische Münchner oder Oberbayern. Viele Nord- und Ostdeutsche waren hier zu Kriegsende
gestrandet oder aus dem „roten" Berlin zugezogen. München
mit seinen Bibliotheken und seinem Kunstangebot galt weiterhin als attraktive Stadt.

Im so genannten Hitler-Putsch vom November 1923 sollte der Marsch der Freikorps aufs rote München 1919 nun im großen Stil, im Marsch auf Berlin, wiederholt werden. Das Unternehmen schlug vor der Feldherrenhalle fehl, wohl auch deshalb, weil der Regierung Kahr doch noch bewusst geworden war, dass Hitler überhaupt nichts mit einem eigenständigen Bayern, nichts mit der Religion und noch viel weniger mit der Rückkehr zur Monarchie zu tun haben wollte! Geschickt verstand es indes die nationalsozialistische Propaganda, sich als Sammelbecken aller Nationalen, Konservativen, Patrioten, Militanten und Imperialisten, Antisemiten, Antikatholiken und Germanentümler darzustellen. Sogar Monarchisten, wie Oberst von Epp, fielen auf sie herein. Ihr sozialrevolutionäres Programm, das dem durchaus modernen Faschismus Benito Mussolinis im Nachbarland Italien nachempfunden war, offenbarte sie nur bei frenetischen Massenveranstaltungen, bei denen auch Arbeiter zugegen waren.

In unserem Raum war der Nationalsozialismus primär eine urbane – und damit Münchner – Erscheinung. Das Bürgertum glaubte, die paramilitärischen Nazi-Schutzstaffeln SA und SS als willfährige Hilfstruppe für ihre Zwecke gegen „Marxisten und Spartakisten" einsetzen zu können, aber ansonsten wieder zu „Ruhe und Ordnung" zurückzukehren. Die rechte Intelligenz schwärmte von der „Konservativen Revolution", reaktionäre Professoren und Lehrer versprachen sich die Rückkehr in die „gesunde germanische Vorzeit" und ehemalige Schwabinger Sonnenanbeter forderten die Ausmerzung aller nichtarischen „Untermenschen".

Es zeigte sich nun, dass der katholische Klerus als erste gesellschaftliche Institution merkte, dass Hitler und Konsorten keineswegs das Heilige Römische Reich restituieren wollten, sondern ganz im Gegenteil ein gandenloses, neuheidnisches und gleichgeschaltetes totalitäres System zu schaffen im Begriffe waren. Die nationalsozialistischen antikirchlichen Thesen fielen indes bei Technikern, Ingenieuren und Facharbeitern auf fruchtbaren Boden. Gegenüber ihnen machten die Nazis kein Hehl, dass sie die Technisierung Deutschlands (und auch Oberbayerns) mit weiterer Industrialisierung, Elektrifizierung, mit

Autobahnen und Großwasserstraßen weiter vorwärts zu treiben beabsichtigten, um den kommenden Weltkrieg als Sieger zu bestehen. Tausende von gut ausgebildeten technischen Kräften sahen daher in der Hitlerbewegung ihre Zukunft.

Die Nationalsozialisten auf dem Lande

Im ländlichen oberbayerischen Raum freilich hatten es die Nazis nicht leicht. Nach dem verlorenen Krieg kehrte die katholische Kirche als verbindende Wertegemeinschaft wieder zurück. An ihrer Spitze standen eindrucksvolle Persönlichkeiten wie Kardinal Michael Faulhaber (Erzbischof von München 1917–1952), die ihre Institution römisch ausrichteten und durch Kolpingbewegung und katholische Vereine ein Gegengewicht zu Rechts zu bilden versuchten. Die katholische Kirche erlangte auch die Deutungshoheit über die zahlreichen Kriegerdenkmäler in Oberbayern, die an die Gefallenen 1914 bis 1918 erinnern. Die meisten befinden sich, wenn nicht in der Kirche selbst, doch im unmittelbaren Umfeld der Pfarrkirche und stehen unter dem Signum des christlichen Kreuzes. Dem neuheidnischen nationalsozialistischen Totenkult war somit eine deutliche Grenze gesetzt. Ebenso wenig gelang die Umdeutung und Übernahme christlicher Feiern und Prozessionen durch die Nazis. Priestern und Gemeindemitgliedern blieben die rabiaten Versuche, das Kreuz durch das Hakenkreuz zu ersetzen, nicht verborgen.

Jede Partei verfügte über paramilitärische Selbstschutztruppen, die BVP z. B. über die „Bayernwacht", die bei den häufigen Saalschlachten und randalierenden Massenveranstaltungen eingesetzt wurden. Die SA suchte die tätliche Auseinandersetzung nicht nur mit den Linken, sondern auch mit den „Pfaffenknechten" und „Römlingen". Josef Ratzinger (seit April 2005 Papst Benedikt XVI.), dessen Vater als bayerischer Polizeibeamter in Marktl, Tittmoning und Traunstein Dienst tat, erinnerte sich:

„Der Aufenthalt (in Marktl) *fiel in eine schwierige Zeit, in die Periode der Weltwirtschaftskrise, der Arbeitslosigkeit, des auf-*

*steigenden Nationalsozialismus. Für einen Gendarmen gab es
da viele und schwere Aufgaben, die meinen Vater sehr bedrückt
haben. Er musste sich mit der Brutalität der SA-Männer in den
Versammlungen auseinandersetzen und hat darunter sehr gelit-
ten. Diese dunkle Wolke haben wir gesehen und gespürt ..."*.

Konspirative Netze überzogen ganz Oberbayern. Auch in
kleinen Marktstädten wie Murnau trieb die SA ihr Unwesen,
wie es der ungarische Schriftsteller Ödön von Horvath, der hier
von 1923 bis 1933 lebte, beschrieben hat.

Wahlergebnisse 1932 und 1933

In den letzten freien bayerischen Landtagswahlen vor dem Zweiten Weltkrieg im April 1932 erreichte die BVP zwar 32,6 % der
Stimmen, aber dicht gefolgt von der NSDAP mit 32,5 %. In Oberbayern blieb die BVP mit über 37 % stärkste Partei, die Hitlerpartei erreichte 24,6 %. Innerhalb des Regierungsbezirks zeigten sich
deutliche regionale Unterschiede, so kam die NSDAP im Bezirksamt Altötting nur auf 9,7 %, was wenig verwundert, im Bezirksamt
Bad Tölz dagegen auf über 33 %.

Allerdings änderte sich das Bild in den Reichstagswahlen vom
März 1933, die schon unter dem Diktat Hitlers, dessen Macht-
ergreifung in Berlin im Januar erfolgreich inszeniert worden war,
abliefen. Bayernweit wurde die NSDAP mit 43,1 % die stärkste
Partei im Lande. Die SPD hielt sich bei 15,5 %, Verlierer war die
BVP, die auf 27,2 % abrutschte. Der Hitlerpartei war damit der
Einbruch in ländlich-katholische Wählerschichten gelungen. In
Oberbayern kam sie auf 38,8 %. Auch in München erreichte sie mit
37,8 % gegen 21,9 % BVP und 20,5 % SPD die Mehrheit. Schwarze
Hochburgen blieben Eichstätt (52,2 % BVP, 33 % NSDAP) und
Altötting (45,6 % BVP, immerhin 25,6 % NSDAP).

Die Gründe für den Wahlsieg der NSDAP sind vielfältig: Schlechte
Wirtschaftslage auch auf dem Land (Sinken der Agrarpreise,
Zwangsversteigerung von Höfen) und Perspektivlosigkeit der Erst-
und Jungwähler. Nicht von der Hand zu weisen ist die Vermutung,
dass viele Proteststimmen gegen die etablierten Parteien einge-
flossen sind. Besonders dem „Schwarzen Block" wollten viele
deklassierte Kleinbauern, Häusler und Landarbeiter einen Denkzet-
tel verpassen.

Machtergreifung und Gleichschaltung in Oberbayern (1933)

Schon kurz nach den Reichstagswahlen wurde auch Bayern „gleichgeschaltet". General von Epp, mittlerweile NS-Reichstagsabgeordneter, gab sich dafür als Reichskommissar von Hitlers Gnaden her. SA-Trupps beherrschten in München die Straßen, besetzten das Rathaus, die gegnerischen Parteizentralen, das Gewerkschaftshaus und Zeitungs- und Rundfunkredaktionen. Tausende von NS-Gegnern aller politischen Richtungen wurden nach vorbereiteten Listen in „Schutzhaft" genommen und misshandelt.

Da die regulären Gefängnisse in Stadelheim und Landsberg nicht mehr ausreichten, wurde auf Betreiben des Polizeipräsidenten Heinrich Himmler in einer aufgelassenen Munitionsfabrik bei Dachau das erste Konzentrationslager (KZ, in NS-Diktion KL) geschaffen und der SS unterstellt. Die Drohung *„Du kommst nach Dachau"* wird bis 1945 über Bayern hängen!

Nach Münchner Muster besetzten NSDAP-Parteimitglieder und Sympathisanten in allen oberbayerischen Kommunen die Rathäuser und Verwaltungen. Hitlers Wegbereiter waren in München Himmler und Röhm. Epp, der sich gewisser Sympathien bei Monarchisten und Konservativen erfreute, fungierte als Galionsfigur und sollte die Patrioten beruhigen. Das war nötig, denn – entgegen Epps Ankündigung – wurde Bayern nicht etwa gestärkt, sondern als Staat erst mit Berlin gleich- und dann ausgeschaltet! Das NS-Ziel war ein einheitlicher, zentralistischer, totaler Nationalstaat, selbständige Länder oder gar Freistaaten fanden darin keinen Platz mehr. Bayern sank zu einer Provinz des Dritten Reiches ohne Landtag und eigene Regierung herab. Die Funktion der Regierungsbezirke übernahmen die NS-Gaue unter einem Gauleiter. Oberbayern wandelte sich zum „Gau München-Oberbayern". 1935 wurde das Hissen der Weiß-Blauen Fahne verboten. Maibäume, traditionell weiß-blau gefärbt, mussten einheitlich weiß gestrichen werden.

Für Hitler war München nur ein Sprungbrett gewesen. In Berlin und anderswo fand er bald sein Massenpublikum, das ihn 1933 an die Regierung bringen sollte. München mag zwar im

Das 1999 eröffnete Dokumentationszentrum Obersalzberg im ehemaligen „Gästehaus der NSDAP" informiert eindrücklich über die Geschichte des Nationalsozialismus in unserem Raum.

Dritten Reich als die „Hauptstadt der Bewegung" firmiert haben, weil ihr Führer hier von 1918 bis 1923 zugegen war, doch das oberbayerische Umland erfreute sich keiner bedeutenden Wertschätzung. Die an ihren Herrgottswinkeln festhaltenden Bauern galten für die Nazis als verloren, weshalb sie ihre Propaganda auf die „linken Arbeiterhochburgen" in München, Peißenberg, Penzberg und Trostberg konzentrierten. Da sie hier in erster Linie ihr sozialistisches Programm entfalteten, kann ihnen der Erfolg bei den Werktätigen nicht abgesprochen werden. Selbstverständlich spielten dabei Gewalt und deren Androhung eine tragende Rolle, die parlamentarische Machtübernahme des einstigen Untermieters in der Münchner Maxvorstadt in Berlin war jedoch eine Tatsache, an der 1933 niemand vorbeikam.

Viele Bürgerliche, die 1933 die völkische Revolution begrüßt hatten, wurden bald mit der Realität konfrontiert. Die Verfolgung der „Roten" und ihre Verbringung nach Dachau hatte man noch hingenommen – aber nicht bedacht, dass bald die

138

„Schwarzen" an der Reihe waren. 1934 erwies Hitler der Wehrmacht den Gefallen, die paramilitärische SA, die unter Ernst Röhm angeblich eine „zweite Revolution" plante, zu liquidieren. Röhm wurde in Bad Wiessee verhaftet und in Stadelheim erschossen. In der Presse konstruierte man dazu einen homosexuellen Hintergrund Röhms, der erwartungsgemäß auch in der breiten Bevölkerung auf Ablehnung stieß. Doch der fingierte „Röhm-Putsch" diente dazu, gleich noch ganz andere Kräfte umzubringen, wie den „Nationalbolschewisten" Gregor Strasser, den ehemaligen Ministerpräsidenten von Kahr und den Chefredakteur der katholischen Zeitschrift „Der Gerade Weg", Fritz Gerlich.

Zum Nachbarland Österreich, das sich gegen die Unterstützung der wachsenden heimischen NS-Bewegung durch reichsdeutsche Kader wehrte, wurde 1933 die Grenze geschlossen und der Grenzübertritt durch Auflagen erheblich erschwert. Der Boykott sollte u. a. den deutschen Fremdenverkehr auf reichsdeutsches Gebiet umlenken. Erst mit der „Heimholung" Österreichs ins Dritte Reich 1938 wurde die Sperre zusammen mit der Staatsgrenze aufgehoben.

Kulturelles Leben in den 20er-Jahren

Nicht nur politische Turbulenzen bestimmten das Bild Oberbayerns in den 20er- und beginnenden 30er-Jahren. München hielt seinen guten Ruf als erstrangige Wissenschafts- und Kunststadt. Schriftsteller wie der Nobelpreisträger Thomas Mann (1875–1955) und Lion Feuchtwanger (1884–1958) wirkten in München und bezogen Sommerhäuser im Oberbayerischen. Feuchtwanger hat in seinem in München und Oberbayern spielenden Enthüllungsroman „Erfolg" (1927) treffende Charakterisierungen gegeben, z. B. über Profiteure der Inflation. *„Den Bauern schwand ihr Besitz nicht wie den Städtern unter dem Arsch weg, sie konnten die Schulden, die auf ihrem Boden lagen, mit entwertetem Geld abdecken."* Die Münchnerin Anette Kolb (1870–1967) und Hans Carossa (1878–1956), aus Bad Tölz gebürtig, vervollständigten in

München ihre literarischen Karrieren. Komponist Richard Strauß (*1864, München, gest. in Garmisch-Partenkirchen 1949) lebte seit 1924 vorwiegend in München und Garmisch. In den 20er- und 30er-Jahren entstanden „Die Ägyptische Helena", „Die schweigsame Frau" und „Die Liebe der Danae".

Im Alpenvorland ließen sich erfolgreiche Unterhaltungsschriftsteller nieder, wie Hedwig Courths-Maler (1867–1950) am Tegernsee und Waldemar Bonsels (1880–1952) in Ambach am Starnberger See. In der „Provinz" freilich beäugte man Autoren, besonders wenn sie zeitkritisch und dazu noch weiblich waren, äußerst misstrauisch. Marieluise Fleißer (1901–1974; „Fegefeuer in Ingolstadt", 1926) wurde zu ihrer Zeit in ihrer Heimatstadt Ingolstadt totgeschwiegen und erst in den 80er-Jahren neu entdeckt.

Als Gegenbewegung zur so genannten „Goldenen Zwanziger-Moderne", die sich mit Bubikopf, Grammophon, Kokain und Charleston etwas brachial auch die bayerischen Städte eroberte, breitete sich auf dem Land und in den Kleinstädten die „Heimatbewegung" aus. Sie hat nichts, aber schon wirklich absolut nichts mit sentimentaler Rückwärtsgewandtheit oder Dorfkitsch zu tun! Im Oberbayerischen zeigte sie sich in der Form der Sammlung des alten und echten Volksliedgutes, das Gefahr lief, durch Radio, Schallplatten und neue Musikformen immer mehr zurückgedrängt oder „salontirolerisch" verfremdet zu werden.

Der aus München stammende Volksmusiker Kiem Pauli (1882–1960) sammelte seit 1927 auf langen Fahrten kreuz und quer durchs Oberland unermüdlich oberbayerische Volkslieder. Sein erster Streifzug führte ihn per Fahrrad und zerlegter Zither im Rucksack vom Tegernsee über Waakirchen und Lenggries in die Jachenau. Jung und Alt spielte ihm bereitwillig vor, Austragsbauern genauso wie Holzknechte oder Gendarmen. Notenblatt für Notenblatt füllte sich und eine reiche Ernte an bisher nur mündlich weitergegebenen Liedern war das das erste Ergebnis, das er 1934 als Sammlung herausbrachte. *„Wie das Volk denkt und fühlt, Liebe, Hass, Ernst, derben Spott und Humor, und tiefe Religiosität, das findet man in seinem Lied."*

Gstanzl- und Schnadahüpflsänger

Zum Vorschein kommt in dem Lieder-Repertoire auch die typisch oberbayerische Lust am „Hinaufschießen" oder „Derblecken" von Personen oder Zuständen. Wie könnte man das übersetzen? Wörtlich heißt es „die Zähne zeigen", im übertragenen Sinne „verspotten" oder „verlachen". Das echte „Derblecken" richtet sich in „Gstanzln" oder „Schnadahüpfln" dabei stets an Höher- oder zumindest Gleichgestellte, weswegen meist Politiker, Kirchenleute oder Staatsbeamte die Opfer waren (und sind). Beleidigung ist dabei keineswegs das Ziel. Der Witz steckt in Andeutungen und Anspielungen, die einen Ausweg offen lassen. Gelungen ist das Derblecken dann, wenn der Betroffene mitlacht. Das Verständnis für die feine Ironie des Derbleckens ist freilich auf den altbairischen Mentalitätskreis beschränkt.

Der Kiem Pauli hatte übrigens in den Wittelsbachern noble Gönner gefunden. Auch wenn die alte Königsdynastie nicht mehr auf dem Thron saß, übte sie ihr patriotisches Mäzenatentum weiterhin aus. So erhielt der Kiem Pauli lebenslanges Wohnrecht im Wildbad Kreuth, das im wittelsbachischen Besitz verblieben war. Zu seinen engen Mitarbeitern zählte der Philosophie-Professor Kurt Huber (1893–1943), der spätere Märtyrer der Weißen Rose". Beide richteten Ende 1930 das erste Oberbayerische Preissingen in Egern am Tegernsee aus. Eine technische Meisterleistung des beginnenden Medienzeitalters war die Radio-Direktübertragung des Preissingens über das ganze Reichsgebiet.

In architektonischer Hinsicht entfaltete sich in Oberbayern ab 1920 der so genannte „Heimatstil". Er verband traditionelle Bauformen mit praktisch-moderner Einrichtung („Neue Sachlichkeit") und einem Hauch Jugendstil. Auf die Verwendung einheimischer Materialien legte man großen Wert. Die Fassaden wurden mit Fresken geschmückt, die profane Szenen aus der Arbeitswelt zeigen. Die inzwischen denkmalgeschützte „Janischsiedlung" in Garching an der Alz ist ein schönes Beispiel einer derart gestalteten Wohnanlage. Auch öffentliche Gebäude wie Bahnhöfe, Schulen und Kasernen wurden im Heimatstil errichtet. Das Stadtbild Rosenheims und Garmischs wird wesentlich von dieser Bauweise geprägt. In München entstanden ganze Stadtviertel im Heimatstil und in Oberbayern orientierte sich die Architektur der Landhäuser an seinen Merkmalen.

Die Industrialisierung schreitet fort

Bayern überschritt in der Zwischenkriegszeit die Schwelle vom Agrar- zum Industriestaat, wobei der Süden allerdings weiterhin agrarisch bestimmt blieb. Wirtschaftlich verfolgte man fortschrittliche Programme: Die bereits in der Vorkriegszeit festgesetzten Pläne zur Energiegewinnung aus Wasserkraft wurden konsequent fortgesetzt. Das seinerzeit hochmoderne Walchenseekraftwerk haben wir schon erwähnt. Zwischen Jettenbach und Töging entstand 1924 das erste Kraftwerk am Inn und ein 20 Kilometer langer Oberwasserkanal. 16 weitere Staustufen und Kraftwerke sollten noch folgen. Kein deutscher Fluss liefert so viel Strom wie der bayerische Inn.

Die deutsche Schwerindustrie unterlag nach 1919 bestimmten Auflagen der Versailler Friedensverträge. So durften „kriegswichtige" Güter nicht mehr hergestellt werden. Die BMW AG musste daher ihre Produktion von Flugzeugmotoren einstellen, verlegte sich aber 1923 höchst erfolgreich auf die Konstruktion von Motorrädern. 1924 erfolgte wieder die Lizenz zum Flugmotorenbau für die Zivilluftfahrt. Ein Markstein für das Münchner Unternehmen ist der Beginn der Automobilherstellung im Jahre 1928.

Ein neuer Wirtschaftsfaktor: Wintersport und Badespaß

Ein Wirtschaftszweig, der bis heute für Oberbayern von zentraler Bedeutung ist, bedarf der besonderen Erwähnung: der Fremdenverkehr. Oberbayern war bereits seit der zweiten Hälfte des 19. Jahrhunderts ein beliebtes Urlaubsgebiet, wenn auch beschränkt auf die betuchten Stände. Die königlichen und großbürgerlichen Sommerresidenzen an den oberbayerischen

Seen und im Oberland wirkten wie Magneten. Eisenbahnlinien erschlossen auch entfernte Talschaften, wie Garmisch 1860 und Berchtesgaden 1888. Seit 1905 waren auf guten Chausseen Post-Omnibusse unterwegs und erreichten viele Orte, die ehedem im Abseits gelegen hatten. Lokale Fremdenverkehrsvereine („Verschönerungsvereine") sorgten für Beherbergungsbetriebe, Speisegaststätten, Lesehallen, Parkanlagen und Promenaden und kämpften eifrig um Anschluss an die Eisenbahn oder die Kraftpost.

Die Vermietung von Quartieren an Sommergäste erreichte schon bald den wirtschaftlichen Ertragswert der mühsamen Landwirtschaft. Zur Unterhaltung der meist städtischen Klientel wurden die Einheimischen angehalten, Musik- und Theaterdarbietungen zu üben und Trachten anzuziehen. Manches Lederhosen- und Jodler-Klischee ist erst damals entstanden. 1894 konstituierte sich der „Verein zur Förderung des Fremdenverkehrs in München und im bayerischen Hochlande" und koordinierte Werbemaßnahmen in Berlin und den USA. Prospekte und Plakate bedienten die Erwartungen des Publikums nach pittoresker Landschaft und urwüchsigem Landleben. Viele Abbildungen fügten aber auch die modernen Errungenschaften hinzu, wie Automobile, Omnibusse, die Seilbahnen in Bad Reichenhall und Garmisch, sowie die Zahnradbahnen auf den Wendelstein und die Zugspitze.

Bis zum Ersten Weltkrieg war es einzig und allein die „Sommerfrische", welche die Fremden ins Alpenvorland und ins Gebirge zog. Im Winter blieben die Einheimischen weiter unter sich und verdienten sich mit Schnitzen und sonstiger Heimarbeit ein Zubrot.

Nach dem Ersten Weltkrieg änderte sich das Freizeitverhalten grundlegend, und zwar in mehrfacher Hinsicht: Seit dem letzten Jahrzehnt des 19. Jahrhunderts war auch der Wintersport populär geworden, erst mit Schlittschuhlaufen (das schon lange bekannt war) und mit Rodeln auf Schlitten, das man den Holzknechten abgeschaut hatte.

Skifahren in den bayerischen Alpen

Dann kam dass Skilaufen (eine skandinavische Erfindung) in die Alpen und löste sofort Begeisterung aus. Rutschen, Springen, Steigen und Abfahren auf hölzernen „Brettln" („Ski", bzw. Schi heißt ja nichts anderes als „Scheit") erfasste besonders die unkonventionelle moderne Jugend, die in die Berge fuhr, um auf Berghütten ein ungezwungenes Leben zu führen. Nun wurde der Winter nicht mehr als düstere Jahreszeit, sondern als schneeglänzende Sportsaison wahrgenommen. Und das elektrische Licht leuchtete bald auch in die finstersten Alpentäler. Das Garmischer Wintersportfest von 1904 versammelte bereits 3000 Gäste. In Bad Kohlgrub fanden 1908 die ersten deutschen Skimeisterschaften statt.

Nach 1918 verstärkte sich der Trend zum Wintersport weiter, wobei auch die mit Skiern ausgerüsteten Gebirgstruppen des Ersten Weltkriegs als Vorbild gedient haben. Die schneesicheren Orte Garmisch, Lenggries (Brauneck), das Spitzingseegebiet, das Sudelfeld, Reit im Winkl, Ruhpolding und Inzell entwickelten sich zu ausgesprochenen Wintersportorten mit einem breiten Angebot für Skifahrer, Tourengeher und – neu – Schanzenspringer.

IV. Olympische Winterspiele in Garmisch-Partenkirchen

Einen enormen Aufschub für alle Disziplinen des Wintersports bewirkten die IV. Olympischen Winterspiele in Garmisch-Partenkirchen vom Februar 1936. Die beiden Ortschaften waren kurz zuvor zusammengeschlossen worden. Von München aus wurde eigens die „Olympiastrasse" quer durchs Oberland gebaut. Im Ort selbst entstanden die große und kleine Skisprungschanze, das Kunsteisstadion und die Bobbahn am Riessersee. 566 Männer und 80 Frauen aus 28 Nationen nahmen teil. Das Ereignis war perfekt durchinszeniert und organisiert. Rundfunk und Illustrierte übertrugen die Wettbewerbe weltweit und machten den Wintersport in Bayern international bekannt. Zur Vergabe der Medaillen kamen 150 000 Menschen mit Bahn und Bus nach Garmisch-Partenkirchen. Nicht nur für den Wintersport an sich, auch für Hitler, der

Für den „Führer und Reichskanzler" Adolf Hitler bedeutete die Eröffnung der IV. Olympischen Winterspiele in Garmisch-Partenkirchen am 6. Februar 1936 einen weltweiten Propagandaeffekt.

die Spiele persönlich eröffnet hatte, bedeutete die Olympiade einen gewaltigen Propagandaerfolg. Unabhängig davon werden seit 1936 die Olympischen Winterspiele gleichberechtigt mit den Sommerspielen gewertet.

Nach dem Weltkrieg änderte sich das Freizeitverhalten auch in anderer Weise. Hatte man früher die vornehme Blässe gepflegt und Gesichtsfarbe als Zeichen bäurischer oder proletarischer Arbeit im Freien gehalten, so galten nun sonnenverbrannte Nasen und braungebrannte Körper als Symbole von Jungsein, Sportlichkeit und Naturverbundenheit. Alpenvereinsmitglieder, Naturfreunde, Jungscharen und bündische Wandervögel zogen mit Klampfe und Kochtopf hinaus und aufs Gebirg'. Besonders die deutsche Jugendbewegung der 20er-Jahre entdeckte die

Naturlandschaft als bewussten Gegensatz zu den unwirtlich gewordenen Städten und Fabriken und rief zur großen Fahrt auf. Die typisch deutschen kasernenähnlichen Jugendherbergen boten billige Unterkunft. Parteien, Gewerkschaften und Kirchen gründeten eigene Jugendgruppen, die in oberbayerische Jugend- und Ferienlager geschickt wurden.

Schwimmen und Baden in Seen und Flüssen, früher sehr verhalten ausgeübt und Frauen nur unter großen Vorbehalten eingeräumt, entwickelte sich rasant zum Volkssport. In den heißen Sommern tummelten sich Tausende von Münchnern und Touristen an den oberbayerischen Badeseen, während die Landbevölkerung noch lange den offenen Gewässern gegenüber skeptisch blieb. Auch wetterte die Geistlichkeit gegen geschlechtlich gemischtes Baden und gegen Männer in Badehosen und Frauen in Badeanzügen. Sonnenbaden und „Bräunen" – früher ein völlig unmögliches Unterfangen – wurde nun ebenso modern. Hauptziel für „Wochenend' und Sonnenschein" war zuerst der von München aus gut erreichbare Starnbergersee mit dem seit 1905 bestehenden legendären „Undosa-Wellenbad". Pilsen- und Ammersee und der noch weiter entfernte Chiemsee erschlossen sich den Badebegeisterten erst in den 60er-Jahren.

In den 20er- und 30er-Jahren erfasste der Tourismus die breiten Massen. Urlaubsregelungen und die Beschränkung der Wochenarbeitszeit schufen überhaupt erst die Grundlage für eigene Freizeitgestaltung. Politische und kirchliche Institutionen boten günstige Gruppenreisen an. Zu den exklusiven Grandhotels der Gründerzeit gesellte sich nun eine große Anzahl preiswerter Pensionen und Gasthöfe. Der Tourismus-Pionier Carl Degener kreierte 1933 die „Volksreisen für den kleinen Mann". Erstes Ziel seiner Sonderzüge war Ruhpolding. Die Nationalsozialisten übernahmen dieses attraktive Konzept und bedienten sich erfolgreich der Zugkraft der „Volksreisen". Ihre 1933 gegründete NS-Organisation KdF („Kraft durch Freude") ermöglichte zum ersten Mal auch Arbeitern und größeren Familien längere Urlaube in attraktiven Orten wie Garmisch oder Berchtesgaden. Bis in die Kriegsjahre brachten Sonderzüge Tausende KdF-Urlauber ins oberbayerische Ober-

146

und Hochland. Ein Großteil der dortigen Bevölkerung lebte in den 30er-Jahren bereits direkt oder indirekt vom Tourismus.

Vorkriegs- und Kriegskonjunktur in Oberbayern

Die NS-Wirtschaftsführung brauchte nach 1933 nur in die Schubladen ihrer Vorgänger zu greifen und die dort exakt formulierten Projekte zu realisieren. Alles, wofür die NSDAP sich als erfolgreiche Wirtschaftspartei feiern ließ, war bereits in den 20er-Jahren konzipiert worden. Die Reichsbahn elektrifizierte ihr Schienennetz, und ab 1937 setzte man den Bau der Reichsautobahnen von Augsburg nach München und weiter nach Salzburg, von München nach Ulm und von Nürnberg über Ingolstadt nach München in die Tat um. Seit 1933 wurde die Deutsche Alpenstraße gebaut. Sie verband Lindau mit Berchtesgaden und querte in technisch und topographisch spektakulärer Weise das oberbayerische Hochland. Die Bauwirtschaft profitierte von der Anlage riesiger Kasernenareale im Münchner Norden und Osten und in den größeren Orten Oberbayerns. Von 1935 bis 1937 wurden die Kasernenbauten für die Gebirgsjägertruppen in Bad Reichenhall, Lenggries und Mittenwald hochgezogen. An den Stadträndern entstanden Kleinhaus-Siedlungen, welche die Wohnungsnot weitgehend beseitigten. Diese systematischen staatlichen Arbeitsbeschaffungsmaßnahmen beendeten die Massenarbeitslosigkeit. Eine geschickte Propaganda feierte den konjunkturellen Aufschwung als alleinige Tat Hitlers. Gleichzeitig begann man, München mit „Braunem Haus", „Ehrentempeln" und dem „Haus der Deutschen Kunst" städtebaulich in die „Hauptstadt der Bewegung" zu verwandeln.

Seit 1936 boomte die Rüstungsindustrie. Maschinen- und Kraftfahrzeugbau wurden nach militärischen Bedürfnissen ausgerichtet. BMW konzentrierte sich auf den Bau von Flugmotoren für die Junkers-, Heinkel- und Dornierwerke. In Oberbayern entstanden wichtige Zentren der deutschen Zivil- und Militärluftfahrt. Den kgl. bayerischen Flugplatz Oberschleißheim übernahm die Luftwaffe. Der Flugplatz Lagerlechfeld bestand schon seit den 20er-Jahren und erfuhr einen modernen Ausbau. Hier startete 1942 das erste Düsenflugzeug der Welt. Bei Fürstenfeldbruck, seit 1935 Stadt, wurde 1936 das Richtfest für einen der größten Fliegerhorste der Luftwaffe gefeiert.

Weitere Fliegerhorste wurden in Penzing (Landsberg), Erding, Neubiberg und Neuburg/Donau eingerichtet. Das 1938 angelegte Flugfeld bei Manching diente der Luftwaffe zur geheimen Erprobung neuer strahlgetriebener Antriebe. Zur Firma Dornier in Oberpfaffenhofen gehörte ein eigener Werksflughafen. In München-Riem wurde 1939 der seinerzeit modernste Zivilflughafen der Welt seiner Bestimmung übergeben. Ottobrunn beherbergte die „Akademie für Luftfahrtforschung" mit einem hochmodernen Versuchsgelände. Eine besondere Bedeutung kam dem Flugplatz Ainring bei Reichenhall zu, landeten hier doch die Regierungsmaschinen aus Berlin für den Obersalzberg, auf dem seit 1933 Hitlers zweiter Regierungssitz erbaut wurde.

Berghof und Alpenfestung: der Obersalzberg

Hitler war im Mai 1923 zum ersten Mal in die Berchtesgadener Alpen gekommen. Sein Besuch galt dem dort untergetauchten Dietrich Eckart, dem Schriftleiter des NS-Kampfblattes „Völkischer Beobachter". 1933 erwarb er das Anwesen und ließ es zum „Berghof" umbauen, der als zweites Führerhauptquartier diente. Hier empfing der „Führer" vor dem wirklich beeindruckenden Alpenpanorama hochrangige ausländische Regierungsvertreter. Der Platterhof diente als Hotel und Gästehaus. In den folgenden Jahren kamen das Teehaus und das hochgelegene Kehlsteinhaus hinzu, das 1939 durch eine kühne Hochalpenstraße erschlossen wurde. Die einheimischen Grundeigentümer waren z.T. zwangsenteignet worden.

Zur Abschirmung des „Führersperrbezirks" um den Berg errichtete man mehrere SS-Kasernen. Im Umfeld des Obersalzberges ließen sich zudem zahlreiche NS-Größen nieder, darunter Göring, Bormann und Speer. In Stanggaß bei Berchtesgaden wurde 1936 eigens eine „kleine Reichskanzlei" erbaut, in dem sich bei Hitlers Anwesenheit auf dem Obersalzberg auch das OKW (Oberkommando der Wehrmacht) einfand. Seit 1943 wurden umfangreiche

Stollen, Bunkeranlagen und unterirdische Räume in den Berg getrieben, um Hitlers Domizil als „Alpenfestung" halten zu können. Der „Führer und Reichskanzler" verließ jedoch 1944 den Berghof und flog nach Berlin. Berghof und Kasernen wurden bei einem britischen Bombenangriff zwei Wochen vor Kriegsende in Trümmer gelegt.

Politische und rassische Verfolgung

Die erste Welle erzwungener Emigration setzte bereits 1933 ein. Betroffen waren Politiker, Gewerkschaftler und Kulturschaffende, die sich vor der Machtergreifung in Tat und Wort aktiv den Nazis entgegengestellt hatten. Für diejenigen, denen die Flucht nicht gelungen war, oder die immer noch an eine Änderung der politischen Lage dachten, wurde das KZ Dachau eingerichtet. Es hieß beschönigend „Schutzhaftlager für politische und weltanschauliche Gegner". Die Lager-SS bewachte hier vorwiegend Politiker aller Couleur und Geistliche. 200 000 Häftlinge gingen in den 12 Jahren des „Dritten Reiches" durch das Lagertor mit der zynischen Inschrift: „Arbeit macht frei". 30 000 kehrten nicht zurück.

Während des Krieges kamen Tausende Gefangener aus Polen, Frankreich, der Sowjetunion und Italien hinzu. Bald nahm der Lagerkomplex den gesamten Osten Dachaus ein. Die Häftlinge wurden von der SS als Zwangsarbeiter an Firmen vermietet, zur Schutträumung nach Bombenangriffen und unter unmenschlichen Bedingungen in geheimen und z. T. unterirdischen Rüstungsproduktionsanlagen eingesetzt.

Zwangsarbeit für die Rüstungsindustrie

Zwangs- und Fremdarbeiter schufteten bei den Flugzeugfirmen BMW, Dornier und Messerschmitt, bei IG-Farben in Gendorf und im Reichsbahnausbesserungswerk Freimann. Als mobile Baukolonnen waren sie überall im Straßenbau im Einsatz und wurden landwirtschaftlichen Gehöften zugeteilt. Sie mussten die Städte „enttrümmern" und Blindgänger beseitigen. Nazi-Bonzen ließen sich ihre Villen in Garmisch, am Tegernsee und am Obersalzberg von Häftlingen erbauen und von gefangenen Künstlern ausschmücken. Himmlers Frau überwachte persönlich den Bau ihrer Privatvilla in Gmund am Tegernsee.

Neben dem Hauptlager Dachau bestanden 169 Außenlager bzw. Außenkommandos, die über ganz Süddeutschland verstreut lagen. Um München herum existierten Arbeitslager in Allach, Karlsfeld und Ottobrunn. Seit 1943 wurde die Produktion von Rüstungsgütern in gewaltige unterirdische Bunkeranlagen verlegt. Um Landsberg und Kaufering wurden dafür allein 11 Lager für Zwangsarbeiter errichtet. Beim Flugfeld Mettenheim (Mühldorf) sollten in riesigen getarnten Betonbunkern Flugzeuge hergestellt werden. Tausende Häftlinge wurden dafür von Dachau nach Mühldorf und in die „Waldlager" bei Ampfing geschafft. Da das Reichsgebiet und das besetzte Polen wegen der NS-Ausrottungspolitik kein geeignetes „Menschenmaterial" mehr zu liefern vermochte, wurde die jüdische Bevölkerung aus dem 1944 okkupierten Ungarn in die Zwangsarbeitslager Süddeutschlands getrieben. Die gesamte Kriegswirtschaft des „Dritten Reiches" beruhte auf der rücksichtslosen Ausbeutung von Häftlingen, Fremd- und Zwangsarbeitern.

Die zweite Welle der Emigration wurde 1938 nach der „Reichs-Kristallnacht" provoziert und betraf in erster Linie die Juden, die in München ansässig waren. Deren Entrechtung hatte schlagartig im März 1933 begonnen. Ein Großteil war bereits aufgrund der antisemitischen Schikanen (*„Kauft nicht bei Juden"*, *„Dieser Ort ist judenfrei"*) nach 1933 über die – nur noch bis 1938 bestehende – Tschechoslowakei nach England und weiter in die USA geflohen. Die übrigen mussten im November 1938 die Zerstörung der Münchner Synagoge in der Herzog-Wilhelm-Straße miterleben. 10 000 bayerische Juden wurden nach der Kristallnacht im KZ Dachau zusammen gepfercht, angeblich um sie vor der Wut der deutschen Volksgenossen zu schützen.

Diffuser Widerstand

Gab es im Oberbayerischen Widerstand gegen das NS-Regime? Als 1933 zuerst die Linken, Kommunisten, Gewerkschaftler und Sozialdemokraten „ausgeschaltet" wurden, war das vielen Konservativ-Patriotischen gar nicht so unrecht, wenn es auch nicht auf diese Weise hätte geschehen sollen. Der intellektuelle Protest von Schriftstellern wie Thomas Mann gegen die NS-Kulturpolitik berührte die breite Bevölkerung wenig. Dass die innerparteiliche Nazi-Opposition unter Röhm und Konsorten im Kugelhagel endete, konnte denjenigen, die in den Nazis eine reaktionäre Partei sahen, nur recht sein. Bei den antijüdischen Ausschreitungen wirkte die seit langem die (nicht nur von den Nazis) gepflegte Legende, dass die Juden ja reich seien und sich eh' freikaufen könnten.

Und die katholische Kirche, das seit Jahrhunderten stärkste gesellschaftliche Bindungselement unserer Region? Es mag von jetziger Warte aus vermessen klingen, wenn man ihren vergleichsmäßig geringen Widerstand bemängelt. Aber das destruktive und zutiefst antichristliche Menschenbild der Nazis haben eben zu allererst die katholischen Wortführer – mit Kardinal Faulhaber an der Spitze – durchschaut! Sie wussten, was die NSDAP sofort „gegen die Pfaffen" ins Feld führen würde: Den nicht-arischen Charakter des Christentums, das „unnatürliche Zölibat" sowie das mönchische Leben gerade geistig herausragender und dazu noch „arischer" junger Männer und Frauen. Passiven Widerstand gab es wohl auf Seiten der katholischen Institutionen und der Priesterschaft. Er ist vielfach dokumentiert.

Doch richtig gewehrt hat sich die München-Freisinger Kirche nur gegen den Versuch der Einführung der „Deutschen Gemeinschaftsschule", in welcher Kinder der beiden großen Bekenntnisse Deutschlands gemeinsam unterrichtet worden wären – eine Idee, die schon die Liberalen des 19. Jahrhunderts formuliert hatten. Aber welch ein gefundenes Fressen für die Nazis, sich nun als Fortschrittliche und Überkonfessionelle darstellen zu können! Gerade in den neuen technischen und soldatischen Kreisen, die von ihrer ländlichen Herkunft zwar durchaus katholisch gestimmt waren, aber nun aufgrund der nationalen Durchmischung auf anderskonfessionelle Befreundete und potentielle Ehepartner stießen, machte die katholische Bekenntnisschule einen antiquierten Eindruck.

Während des Krieges geriet zudem die gesamte deutsche Bevölkerung in Bewegung. Binnenwanderungen, KdF-Unternehmungen, Versetzungen von Reichsbediensteten und Soldaten, dann Evakuierungen und schließlich Flucht und Vertreibung setzten eine gewaltige „horizontale Mobilität" in Gang. Gab es bis dahin noch traditionelle Heiratsschranken zwischen den Konfessionen, zwischen Stadt und Land, ja sogar, – wie in unserem Fall – innerhalb Oberbayerns und zwischen Oberbayern und dem übrigen Süddeutschland, so fielen alle diese Grenzen und Hindernisse in der Kriegsturbulenz hinweg. Das Regime förderte diese „Vermengung" nach Kräften, um einen einheitlichen nationaldeutschen, rassisch-germanischen „Volkskörper" herzustellen. Die alten Volksbezeichnungen Bayern, Schwaben oder Österreicher hatten im gleichgeschalteten „Dritten Reich" zu verschwinden, genauso wie die „überholten" Konfessionen.

Eine zweite Welle des katholischen Protests durchlief die Bevölkerung, als 1941 die Anordnung erlassen wurde, die Kruzifixe aus öffentlichen Gebäuden und Schulräumen zu entfernen. Den Priestern, die sich dagegen wehrten, kam die aufgebrachte katholische Frauen- und Mütterschaft in einem Maße zu Hilfe, dass diese NS-Verfügung auf das Kriegsende verschoben werden musste. Schließlich stand dann nach der „Endlösung der Judenfrage" die ebenso gewaltsame „Lösung der Christenfrage" auf dem Programm der Nationalsozialisten.

Pater Rupert Mayer SJ (1876–1846)

Während die Kirchenleitung gezwungen war, zu lavieren und sich mit dem Regime zu arrangieren, trat besonders der niedere Klerus in den offenen Widerstand ein. Unnachgiebige Seelsorger nahmen schwere Repressalien auf sich. Etliche ließen als christliche Märtyrer ihr Leben in Dachau. Populär waren die antinazistischen Predigten des Jesuitenpaters Rupert Mayer (1876–1946) in München. Als anerkannt tapferem Divisionspfarrer während des Ersten Weltkriegs konnten ihn die Nazis schwerlich verunglimpfen – ganz im Gegenteil galt er bald in katholisch-patriotischen, monarchistischen und konservativen Kreisen als „Männerapostel", der das Unrecht offen anprangerte. Redeverbot, Gefängnis und KZ brachen ihn nicht. 1940 einigten sich Kirche und Regime, ihn im Kloster Ettal unter Hausarrest zu „isolieren". Nach Kriegsende kehrte er nach München zurück. Sein Tod an Allerheiligen im selben Jahr war ein aufrüttelndes Fanal, das – man darf es wohl so sagen – den angestammten Katholizismus wieder in die Landeshauptstadt und nach Oberbayern zurückbrachte und ihm den Ehrennamen „Apostel Münchens" eintrug.

In der Münchner studentischen Jugend, die mehrheitlich bis in die ersten – erfolgreichen – Kriegsjahre mit Feuer und Flamme für den Nationalsozialismus eingetreten war, machte sich während des Russlandfeldzugs Ernüchterung und eine Rückbesinnung auf die bündische Jugendbewegung und den Humanismus breit. Exponenten der Widerstandsbewegung „Weiße Rose" waren die Studierenden Hans und Sophie Scholl (*1918 bzw. *1921), Christoph Probst (*1919) und Alexander Schmorell (*1917). Die Gestapo deckte ihre Flugblattaktionen in der Münchner Innenstadt und in der Universität im Februar 1943 auf. Alle Beteiligten wurden nach Schauprozessen im selben Jahr in Stadelheim hingerichtet. Die breite Bevölkerung reagierte – soweit sie überhaupt vom Widerstand erfuhr – passiv und lethargisch und beruhigte ihr Gewissen mit dem weit verbreiteten Satz *„es wird schon was an den Beschuldigungen dran gewesen sein …"*. Während der Kriegsjahre hatte das totalitäre Regime und seine Propaganda die Menschen fest im Griff. Der Beamten- und Wehrmachtseid auf Hitler und die traditionelle Obrigkeitshörigkeit ließen viele zu Mitläufern und Denunzianten werden.

Der Gau München-Oberbayern im Krieg

Um den Umerziehungsprozess von der Hauptstadt der Bewegung auch ins Land hinauszutragen, hatte das Regime bereits

1933 die „Reichsschule der NSDAP" in Feldafing (heute Literaturmuseum) gegründet. 1935 wurde die „SS-Junkerschule" in Bad Tölz ihrer Bestimmung übergeben. Der monumentale burgartige Gebäudekomplex (bis 1990 Flint-Kaserne der US-Streitkräfte) spiegelt das Macht- und Führerbewusstsein der NS-Bewegung gut wider. Auch die 1935 eingeweihte Reichsfinanzschule in Herrsching ist ein derartiger Führerbau (heute Beamtenfachhochschule). Neubeuern wurde ab 1942 Sitz einer „Napola" (Nationalpolitische Lehranstalt). Am Chiemsee war eine Parteihochschule der NSDAP geplant.

Zur Vorbereitung des Krieges wurden ab 1938 in abgelegenen Gegenden Munitions- und umfangreiche Sprengstofffabriken aus dem Boden gestampft, so in Geretsried südlich von Wolfratshausen und im Mühldorfer Hart (Waldkraiburg). In Traunreut entstand die Heeresmunitionsfabrik Muna. Ursprünglich rekrutierten die Rüstungsfabriken ihre Arbeitskräfte aus der Region, während des Krieges wurden jedoch Tausende „Ostarbeiter" (Zwangsarbeiter aus Polen und der Ukraine) zusammengezogen. Als der Luftkrieg näher rückte, erbaute man von 1942 an in München mächtige Hochbunker, die zum überwiegenden Teil noch erhalten sind. Von den geplanten über 150 großen Luftschutzräumen wurden indessen die wenigsten fertiggestellt. In den anderen Städten musste man sich mit Stollen und Splittergräben begnügen. Flugplätze und Eisenbahnanlagen wurden hingegen schwer verbunkert. Ein Ring von Flakstellungen sollte die Gauhauptstadt schützen.

Der Beginn des Zweiten Weltkriegs hatte in der Bevölkerung keine Begeisterung hervorgerufen. Allgemein hieß es, die „Heimholung Österreichs" (1938) und die Annexion des Sudetenlands und Böhmens (1938/39) hätte genügt. Die kurzzeitige Euphorie nach den Siegen bis 1941, bei welchen die einheimischen Gebirgsjägertruppen, z.B. im „Narvik-Feldzug", großen Anteil hatten, wich nach dem Kriegseintritt der USA und der Katastrophe von Stalingrad (1942/43) einer fatalistischen Resignation. In Stadt und Land häuften sich die Meldungen von Gefallenen. Wehrmachtssoldaten auf Heimaturlaub berichteten von den Gräueln der Ostfront.

„Luftschutzraum des Reiches"

Tausende von „Kinderlandverschickten" und ausgebombten Zivil-
personen aus West- und Norddeutschland, wurden nach Südbayern, den „Luftschutzraum des Reiches" geschickt, der fast eine
Million Menschen zusätzlich aufnahm. Eine Illusion: Im Sommer
1942 erschütterten die ersten alliierten Angriffswellen München.
Über 70 werden ihnen folgen. Nach der weitgehenden Zerstörung
der „Hauptstadt der Bewegung" konzentrierten sich die gegnerischen Luftflotten auf kleinere Städte und das flache Land. Bahnhöfe und Personenzüge gerieten nun ins Visier. Es gibt Tage, in
welchen der ganze Luftraum über Oberbayern mit dem dumpfen
Motorengebrumm der „Fliegenden Festungen" und dem Heulen
der Tiefflieger erfüllt war. Von ihren Basen in Italien und Nord-
frankreich überquerten riesige Bomberschwärme das flache Land
und warfen „Christbäume" (Leuchtmarkierungen) über den Zielge-
bieten ab. Treibstoff- und Materialmangel verhinderten den Einsatz deutscher Jagdflugzeuge. Nur manchmal traf die Flak, wie
1944 einen US-Kampfbomber, der auf den Burgberg von Tettelham stürzte. Noch im Jahr 1945 fielen Bomben auf Ingolstadt,
Rosenheim, auf Mühldorf (130 Todesopfer), auf Freising (224
Tote) und zuletzt noch auf Reichenhall und den Obersalzberg (200
Tote).

Die Eroberung Südbayerns durch die III. US-Army nahm den
gesamten April 1945 in Anspruch. Eine kleine Offiziersgruppe
der Wehrmacht, die „Freiheitsaktion Bayern" (FAB) suchte
Kontakt zu den Amerikanern herzustellen, um die Übergabe
zu regeln und sinnlose Zerstörungen zu vermeiden. Von den
Radiostationen Erding und Freimann aus rief sie unter dem
Stichwort „Fasanenjagd" (als Fasanen waren allgemein die
höheren NS-Vertreter bekannt) dazu auf, Sabotageakte der
allenthalben noch präsenten SS-Kommandos zu verhindern.
Die FAB behauptete allerdings fatalerweise, dass sie die Regie-
rungsgewalt im Oberbayerischen übernommen habe. Das war
falsch, denn das SS-Regime schlug noch brutal zurück.
In vielen Dörfern, in denen die längst vorbereiteten weißen
Fahnen gehisst wurden, spielten sich Tragödien ab. In Gelting
bei Altötting wurden deswegen Pfarrer und Lehrer erschossen,

in Altötting fielen fünf Männer dem SS-Terror zum Opfer, in der Stadt Dachau sechs Widerständler und in Sachenbach am Walchensee zwei Frauen. Eine fanatisierte Wehrwolf-Einheit exekutierte in Penzberg noch kurz vor der Übergabe der Stadt 16 Mitbürger. Sie waren von örtlichen Nazis denunziert und der Wehrmacht gemeldet worden. Bis zur Kapitulation am 8. Mai 1945 verübten fliegende SS-Standgerichte Morde an „Verrätern" und „Deserteuren". Während die Amerikaner über die Donau nach Süden vorrückten und Waffen-SS und Wehrmacht sie durch Brückensprengungen aufzuhalten versuchten, ordneten die NS-Verantwortlichen die Räumung des KZ Dachau und der Außenlager Kaufering und Mühldorf an. Über 10 000 Häftlinge sollten zum Bau der ominösen „Kernfestung Alpen" nach Tirol getrieben werden.

Todesmärsche durch Oberbayern (1944/45)

Endlose Kolonnen von Häftlingen durchzogen das bayerische Oberland. Es handelte sich um Ukrainer, Russen, Juden aus Polen, Litauen und Ungarn, Österreicher und Deutsche. Allach, Pasing, Gauting, Starnberg, Dorfen, Wolfratshausen, Königsdorf und Bad Tölz waren die Stationen der Elendszüge. Die einheimische Bevölkerung leistete, wie mehrfach vermerkt, mitunter Hilfe und beschimpfte die SS-Begleitmannschaften. Auch die Wehrmacht, täglich mit der Kapitulation konfrontiert, verhinderte Schlimmeres. Zwischen Reichersbeuern und Waakirchen wurden die zu Tode Erschöpften von den Amerikanern befreit. Andere Kolonnen landeten in Rottach-Egern. Über 1000 Tote säumten die Strassen. Die Todesmärsche sind heute durch etliche Denkmäler dokumentiert. Das KZ Dachau selbst, in dem noch ungefähr 35 000 Häftlinge verblieben waren, wurde am 29. April 1945 befreit.

Am 30. April 1945 besetzten die Amerikaner München. Der Krieg war für Oberbayern vorbei – aber zu welchem Preis! Das Land war „kaputt", ein damals gängiger Ausdruck. Die Bevölkerung, einst recht homogen, hatte sich profund gewandelt. Zu den Einheimischen kamen Tausende Evakuierte aus allen Teilen Deutschlands, DPs (*Displaced Persons*, ehemalige Fremdarbeiter) und in den nächsten Jahren Hunderttausend vertriebene

Mahnmal bei der Münchner Blutenburg zum Todesmarsch von KZ-Lager-
insassen und Zwangsarbeitern von Dachau in das Alpenvorland im Frühjahr
1945.

Volksdeutsche aus dem Sudetenland, Schlesien, Südosteuropa
und Ostpreußen.

Die Stunde Null – 1945 – ist die einschneidenste Zäsur in der
Geschichte Oberbayerns. Das Land nach 1945 wird nicht mehr
dasselbe sein wie vor 1945.

Oberbayern in der Zeitgeschichte (1945–2007)

Quellen aller Art stehen für die Jahre nach 1945 in hoher Zahl zur Verfügung. Die großen geschichtlichen Vorgänge sind bestens dokumentiert, was jedoch nicht ausschließt, dass sie von Zeithistorikern ganz verschieden interpretiert werden. Noch mehr wie für die zwei vorangegangenen ereignisreichen Jahrhunderte gilt es im Rahmen einer „Kleinen Geschichte Oberbayerns" auszuwählen, Schwerpunkte zu setzen und die großen Linien herauszupräparieren. Wie verlief der Weg von der Trümmerzeit, vom Alltag in Hunger und Not der ersten Nachkriegsjahre 1945–1950 bis hin zu derjenigen Situation von Prosperität, sozialer Sicherheit und Freizeit, die wir am Eingang des Bändchens geschildert haben?

In den Jahrzehnten nach 1950 ist der moderne Industriestandort Bayern entstanden, an welchem auch unser Raum Oberbayern seinen Anteil hatte. In einer ersten Modernisierungswelle bis 1970 hat das Land die industriellen Defizite aufgeholt, die es bis dahin von den alten Industriezentren Westdeutschlands unterschieden hatte. Und in einem zweiten, profunden Modernisierungsschritt bis 1990 ist gerade München und Südbayern zu einer wirtschaftlich hoch entwickelten Region aufgestiegen, die weltweit an der Spitze des technologischen Fortschritts steht. Selbstverständlich hat die Politik daran ihren Anteil, weswegen wir das Phänomen der CSU gebührend zu berücksichtigen haben. Die Gebiets- und Landkreisreform von 1972, die den Regierungsbezirk Oberbayern nach Norden ausdehnte, steht in Zusammenhang mit diesem wirtschaftlichen Aufstieg. Und klar ist auch, dass sich der rasante ökonomische Aufschwung innerhalb nur einer Generation (1950–1990) tiefgehend auf die soziale Struktur, die ethnische Zusammensetzung und die Konfession der Bevölkerung und auf deren Mentalität und Selbstverständnis ausgewirkt hat.

Seit dem weltgeschichtlichen Epochenjahr 1989/90, welches das Ende des „Kalten Krieges" brachte und Deutschland wiedervereinigt hat, gleitet auch Bayern in ein neues Zeitalter, das wir nur unzulänglich mit den Schlagworten „Europäisierung" und „Globalisierung" umreißen können.

„Angesichts des Trümmerfeldes ..."

Die Bayerische Verfassung von 1946 stellte in den Artikeln 9, 10 und 185 die alte Staatsordnung und die Einteilung in sieben Regierungsbezirke in ihrer Eigenschaft als Gebietskörperschaften wieder her. Niederbayern und Oberpfalz, 1932 zu einem Kreis zusammengefasst, erhielten ihre Selbstständigkeit zurück. Oberbayern erstand in seinen traditionellen Grenzen wieder. Quer durch die Parteien herrschte allerdings Skepsis hinsichtlich der Wiederherstellung der alten Kreis-, bzw. Regierungsbezirksordnung. Viele Abgeordnete plädierten für Auflösung, da der Verwaltungsaufwand sich nicht lohne. Letztlich warf Wilhelm Hoegner (1887–1980), der zweite bayerische Ministerpräsident nach dem Krieg, sein ganzes politisches Gewicht in die Waagschale, um diese Verfassungsbestimmungen durchzupauken. Hoegner war sowohl Sozialdemokrat wie auch überzeugter Föderalist und repräsentierte damit für die damalige Zeit eine eher ungewöhnliche Kombination.

Für weitere Gesetze zur kommunalen Selbstverwaltung, ob auf der Gemeinde-, Landkreis- oder Bezirksebene, erschien die Zeit noch nicht reif. Die Bezirksordnung kam erst 1953 zustande, wiederum auf Druck Hoegners. Sie legte Bezirke mit direkt gewähltem Bezirkstag und Selbstverwaltung fest. In seiner räumlichen Ausdehnung ist der Bezirk Oberbayern mit dem Regierungsbezirk (bis 1953 auch „Kreis") Oberbayern identisch.

Wilhelm Hoegner (1887–1980)

Wilhelm Hoegner stammte aus München. Von 1924 bis 1930 vertrat er die SPD im bayerischen Landtag und von 1930 bis 1933 im Reichstag. Vor den Nationalsozialisten floh er über die bayerischen

Berge zuerst nach Österreich, dann ins Schweizer Exil. 1946 wurde er von der US-Militärregierung als Ministerpräsident eingesetzt. Die ersten Landtagswahlen vom Dezember 1946 brachten jedoch die neu gegründete CSU mit über 50% (SPD: 28,6%) ans Ruder. Hoegner bekleidete von 1950 bis 1954 das Amt des Innenministers und stand von 1954 bis 1957 noch einmal dem Kabinett als Ministerpräsident vor.

Von 1945 bis 1948, als sich Währungsreform und die dann 1949 erfolgte Gründung der Bundesrepublik bereits abzeichneten, beherrschte tiefe Apathie das Land. Nennen wir nur ein paar Begriffe jener Jahre: Lebensmittelkarten mit 920 Kalorien pro Tag, Schwarzmarkt, Hamsterfahrten, Kohlenklau, Heimkehrerschicksale. In den Hungerjahren bewährte sich noch einmal die Landwirtschaft. Die „Fleischtöpfe des Südens" gewährleisteten eine gewisse Lebensmittelgrundversorgung. Beim Hamstern im ländlichen Umfeld tauschten die Städter Wertgegenstände gegen Kartoffeln und Milch. Vor dem schieren Verhungern aber bewahrten letztlich amerikanische CARE-Pakete die Not leidende Bevölkerung.

In den 50er-Jahren entspannten sich die amerikanisch-bayerischen Beziehungen merklich, und zwar nicht nur wegen des Kalten Krieges. Obwohl sich die US-Administration darum bemühte, ihre Angehörigen in eigenen *Communities* mit US-Atmosphäre unterzubringen, ergaben sich vielfältige Möglichkeiten der bayerisch-amerikanischen Kommunikation. Das „Fräulein-Wunder" war nur eines unter vielen. Um die US-Standorte legte sich bald ein Ring von Dienstleistungsbetrieben aller Art, von der Kfz-Werkstatt bis zum Souvenirladen. Auch die *US-Barracks* stellten zunehmend deutsches Personal ein.

Für manche Gemeinde im Oberland war eine US-Institution in der Nähe der größte Arbeitgeber und garantierte stetige Einnahmen. Die Amerikaner kurbelten auch den Winter- und Sommertourismus im Alpenvorland und im Hochland wieder an. Soldaten auf Urlaub besuchten mit ihren Familien die bayerischen Königsschlösser und berichteten zu Hause ausführlich über *The Dreamking's Magic Castles.* Das *Munich-Beer Festival* (Oktoberfest), bis dato eine eher provinzielle Veran-

160

staltung, erfuhr durch die Amerikaner seine erste Internationalisierung. Kurz: *Upper Bavaria* zählte bei *US-Army* und *US Air Force* zu den beliebtesten Einsatzorten der GIs im Ausland.

Das bundesdeutsche Grundgesetz (1948)

Ein erstes ziviles Großereignis in Oberbayern nach dem Krieg war der gesamtdeutsche Verfassungskonvent, der im August 1948 im „Alten Schloss" auf Herrenchiemsee zusammentrat. Ministerpräsidenten und Sachverständige der damals elf deutschen Länder arbeiteten im ehemaligen Speisesalon König Ludwigs II. den Entwurf für das neue Grundgesetz aus. Gegenstand heftiger Debatten war die Kompetenzverteilung innerhalb der Föderalstruktur. Im Mai 1949 wurde das Grundgesetz in Bonn angenommen. Als jedoch seine Ratifizierung im Bayerischen Landtag anstand, lehnte dies die konservative Mehrheit ab. Jenem Protest gegen die als zu wenig berücksichtigt erachteten föderalen Ansprüche, insbesondere des Freistaats, kam indessen nur symbolische Bedeutung zu, weil Bayern zugleich die Rechtsverbindlichkeit der Bundesverfassung anerkannte. Man sprach denn auch vom Versuch, das Grundgesetz *„im Nachtarock weiß-blau zu kolorieren"*. (Nach-Tarock, Begriff aus dem Kartenspiel: der Versuch, beschlossene Vorgänge nachträglich noch zu ändern.)

Obwohl die deutsche Nachkriegs-Verfassung von hier ihren Ausgang genommen hatte und sich als Grundlage unseres Gemeinwesens – über die Wiedervereinigung hinaus – bewährt hat, hatte sie in Herrenchiemsee selbst lange Zeit keinen würdigen Rahmen gefunden. Das Gedenkzimmer mit Informationstafel wurde erst 1998, 50 Jahre nach dem Ereignis im Alten Schloss – einem Flügel des ursprünglichen Klosters –, eingerichtet.

„Ostvertriebene" finden in Oberbayern Zuflucht

Schon in den letzten Kriegsmonaten waren zahlreiche Flüchtlingstrecks aus den von den Sowjettruppen überrollten deutschen Ostgebieten in Südbayern gestrandet. Zuerst kamen Ostpreußen, dann etwa eine halbe Million Schlesier und noch mal dieselbe Anzahl „volksdeutscher" Vertriebener aus Südost-europa. Stieß die Unterbringung dieser verelendeten Massen schon auf höchste Schwierigkeiten in den bereits überfüllten Landstrichen, so rief die Vertreibung der Sudetendeutschen aus der Tschechoslowakei 1946 katastrophale Zustände in Bayern hervor: Eineinhalb Millionen ausgeplünderte Menschen aus dem Egerland, dem Böhmerwald und dem Riesengebirge strömten über die tschechisch-bayerische Grenze und fanden hier ihre Zuflucht. Die Vertriebenen wurden zuerst auf dem Lande, in Dörfern und auf Bauernhöfen einquartiert.

Einheimische und Flüchtlinge

Das Zusammentreffen von Einheimischen und Flüchtlingen führte zu vielen Spannungen, aus denen eine Partei, die extrem bayern-tümelnde „Bayernpartei", sogar politisches Kapital zu schlagen versuchte. Verantwortungsgefühl oder gar Mitleid mit den Volks-genossen aus dem Osten, die stellvertretend für alle Deutschen (einschließlich Bayern) für den Nazi-Terror büßen mussten, stan-den in jenen Jahren nicht auf der Tagesordnung. Für die Grund besitzenden oberbayerischen Bauern galten die „Dahergelaufenen" als besitzlose Habenichtse, die am Bauernstammtisch nichts zu suchen hatten. Polemiken und gegenseitige Anschuldigungen und Herabsetzungen waren an der Tagesordnung. Wenigstens waren die Sudetendeutschen immerhin katholisch und sprachen einen entfernt verwandten Dialekt.

Das war freilich nicht alles, was die Neuankömmlinge zu bieten hatten! Ein guter Teil der Vertriebenen bestand aus qualifizier-ten Facharbeitern, aus Handwerkern, Gewerbetreibenden und Angehörigen von Lehrberufen. Sie dürften sich über die zurückgebliebenen ländlichen Zustände in Oberbayern eher gewundert haben. In ihrer ehemaligen Heimat hatten sich nämlich sowohl die Landwirtschaft wie auch die verarbeitenden Betriebe technisch auf einem viel höheren Niveau befunden wie hier. Kein Wunder, dass – nach einem Stadium der Stagnation und der Integrationsschwierigkeiten – gerade die Heimatvertriebenen das wirtschaftlich dynamische Element in Bayern repräsentierten. Ihre Arbeitskraft bildete den Grundstock für die in den 50er-Jahren einsetzende Industrialisierung der Mittel- und Großbetriebe und damit für eine progressive Veränderung der Sozialstruktur.

Vertriebene, die nach gängiger Auffassung „ja nichts zu verlieren hatten", gründeten zahlreiche Unternehmen in den damals zukunftsweisenden Branchen wie Kfz- und Elektrohandel. Allmählich zogen die Flüchtlinge aus den provisorischen Unterkünften in eigene Siedlungen, deren Straßennamen in der Regel noch an die alte Herkunft erinnern. Bis Mitte der 50er-Jahre waren die alten Barackenlager mit ihren Nissenhütten aus den Stadtbildern Münchens, Landsbergs, Ingolstadts und Rosenheims verschwunden. Mitunter dienten aufgegebene Munitionslager, Rüstungsfabriken und Truppenübungsplätze als neue Heimstätten. Die Städte Geretsried, Waldkraiburg und Traunreut sind auf dieser Grundlage entstanden. Zur Zeit ihrer Gründung und Stadtanlage in den 50er-Jahren galten sie mit ihrer systematischen Straßenführung und ihrer Ausrichtung an die Produktionsstätten als hochmoderne Gemeinwesen.

Sehen wir uns ein paar Zahlen an: Nach dem Krieg wuchs die Bevölkerung Oberbayerns von 1,95 Millionen (Stand 1939) auf 2,44 Millionen (1946) und weiter bis 1980 auf 3,6 Millionen Einwohner. Die Stadt München begrüßte 1957 ihren millionsten Erdenbürger. Ingolstadt wuchs von 43 000 Einwohnern vor dem Krieg nach 1950 auf mehr als das doppelte an. Stellte der enorme Bevölkerungszuwachs anfänglich noch eine Belastung dar, so bot er während des marktwirtschaftlichen Wiederaufbaus ein großes Reservoir an Arbeitskräften und Konsumenten.

Bayerns „Vierter Stamm"

1950 bildeten die Flüchtlinge mit nicht ganz einer halben Million Menschen etwa 20 % der Bevölkerung Oberbayerns. Den größten ethnisch geschlossenen Teil davon stellten Sudetendeutsche und Egerländer. Wie in ganz Bayern durften sie sich aufgrund dieser Größenordnung mit Fug und Recht als „Vierter Stamm Bayerns" (neben Altbayern, Schwaben und Franken) fühlen – ein Attribut, das ihnen die bayerische Staatsregierung in einem feierlichen Staatsakt 1962 offiziell zubilligte. Wobei zu bemerken ist, dass sich die Heimatvertriebenen nach anfänglicher Hinwendung zu revanchistischen Vereinigungen wie BHE („Bund Heimattreuer und Entrechteter") bald als treues Wählerreservoir für die Konservativen (CSU), wie, wenn auch in geringerem Masse, für die SPD erwiesen. Bereits Ende der 60er-Jahre hatte sich der überwiegende Teil der Heimatvertriebenen so weit in das Gefüge Bayerns eingepasst (und es zum Teil auch nach eigenen Vorstellungen umgestaltet), dass eine bleibende Rückkehr in die alte Heimat ernsthaft nicht mehr im Vordergrund stand.

Halten wir fest: Die Integration der „Heimatvertriebenen" stellt eine der großen Errungenschaften des Bayerischen Staates und seiner Gesellschaft dar.

Konfessionelle Verschiebungen

In konfessioneller Hinsicht änderte sich die Lage in Oberbayern ganz erheblich. Bis Kriegsbeginn fast einheitlich römisch-katholisch, tritt bis 1950 ein signifikanter evangelischer Block hinzu. Etwa ein Drittel der Neuankömmlinge während des Krieges und nach dem Krieg kam aus protestantischen Gebieten. Viele Evakuierte aus Nord- und Ostdeutschland blieben auch nach 1945 in Bayern, zumal der wirtschaftliche Aufschwung seit 1950 hier eine Fülle von Arbeitsplätzen bot.

Eine Partei neuen Typs: die CSU

Die Christlich-Soziale Union hatte sich Ende 1945 – zunächst noch unter verschiedenen Bezeichnungen – konstituiert. Die Initiatoren entstammten zwar der Parteitradition der katholisch-föderalistischen BVP, schlossen aber bald starke Kräfte ein, die eine interkonfessionelle Sammlungsbewegung im Blickfeld hatten. Als „Union" (Verbund) verstand sich die neu ins Leben gerufene Partei als konfessionsübergreifend und sozial integrierend. Sie sollte politische Heimat sowohl für altbayerische

164

Katholiken wie für fränkische Protestanten sein und auch die Heimatvertriebenen, gleich welcher Konfession, ins gemeinsame konservativ-liberale Boot holen. Grundlage war die christliche Soziallehre, wie sie von den christlichen Gewerkschaften vertreten wurde.

Exponent des sozialen Flügels war der Franke Josef Müller, genannt Ochsensepp (1898–1979). Ihm schwebte das Konzept einer demokratisch-bürgerlichen Massenpartei vor, die sich allgemein den christlichen Werten und der sozialen Verantwortung verbunden fühlte. Ein besonders in Altbayern stark vertretener Parteiflügel jedoch wollte von der „schwarzen" katholischen Linie nicht abweichen und versuchte, die alte Honoratiorenpartei wieder zu beleben. Ihr Vertreter war Alois Hundhammer (1900–1974) aus Moos bei Forstinning, ehemaliger Generalsekretär des Bayerischen Christlichen Bauernverbandes. Hundhammer war ein vehementer Verfechter römisch-katholischer Belange im staatlichen und besonders schulischen Bereich. Als kompromissloser Nazi-Gegner, der als einer der Ersten ins KZ Dachau geworfen wurde, erschien er auch für Linke und Liberale unangreifbar. Doch stürzte er als Kultusminister die Christlich-Soziale Union (CSU) von Anfang an in konfessionelle Zerreißproben. Zwischen den Parteiflügeln des liberalen „Ochsensepp" und des betont katholischen Hundhammer flogen buchstäblich die Fetzen.

Gegenspieler: Sozialdemokraten und „Kernbayern"

Die Sozialdemokraten hatten in den Politkern der ersten Stunde, Wilhelm Hoegner, Waldemar von Knoeringen und Thomas Wimmer überzeugende Führungspersönlichkeiten gefunden. Denn diese drei Genannten verkörperten den bayerischen Patriotismus und waren von ihrer Herkunft „typische Oberbayern" und überdies NS-Verfolgte. Nicht nur bei den Münchnern, sondern auch in Oberbayern standen sie daher in hohem Ansehen. Der Bergsteiger und Volksmusikfreund Wilhelm Hoegner betätigte sich als eingefleischter Föderalist und staatsbayerischer Patriot, der noble Baron Waldemar von

Knoeringen (1906–1971) vertrat die Kgl. Bayerische Sozialdemokratie und der populäre Bürgermeister Wimmer Damerl
(1887–1964) rief in München zum *„Ramma damma"* auf.
Gegen dieses Urgestein erweckte die CSU zuerst einen unein-
heitlichen Eindruck.

Die Bayernpartei

In der 1948 gegründeten „Bayernpartei" (BP) erwuchs den
Christlich-Sozialen besonders in ländlichen Kreisen Ober- und
Niederbayerns ein hartnäckiger Konkurrent. Mit ihrem (weitgehend unrealistischen) Programm einer Selbständigkeit Altbayerns und ihrem unterschwelligen „Flüchtlinge hinaus!"
nahm die BP der ländlichen BVP- und CSU-Klientel fast 30 %
weg! Die Bayernpartei agierte recht erfolgreich bei Kleinbauern
und Viehhändlern, die sich in der Moderne nicht mehr zurecht-
fanden. Die Soziologie spricht denn auch von einer klassischen
„Partei der Modernisierungsverlierer". BP und CSU rauften
erbittert um die Stimmen auf dem Lande. Besonders die BP-
Forderung, dass der „Entnazifizierung" auch die „Entbazifie-
rung" zu folgen habe, kam gut an.
   Von 1954 bis 1957 verhalf die BP gar der SPD zur Re-
gierungsbildung und verwies die CSU auf die Oppositionsbank.
Der Schock bei der CSU saß tief, bewirkte aber eine gründliche
Reform der Parteistruktur und Organisation, an welcher Franz
Josef Strauß entscheidenden Anteil hatte. Die Partei verließ
Kirche, Stammtisch und Hinterstüberl und öffnete sich der
Moderne. Um Parteimitglieder wurde erfolgreich in allen Be-
völkerungsschichten geworben.

Volks- und Staatspartei CSU

In der Folgezeit blieb die CSU stärkste Fraktion im Landtag
und stellt seit 1957 ohne Unterbrechungen die Staatsregierun-
gen (vier Kabinette Alfons Goppel 1962–1978, drei Kabinette
Franz J. Strauß 1978–1988; ein Kabinett Max Streibl 1988–

1993; seit diesem Zeitpunkt drei Regierungsbildungen unter Edmund Stoiber). Gleichermaßen stellten die Christlich-Sozialen die Regierungspräsidenten der Regierungsbezirke – mithin auch Oberbayerns – und die Bezirkstagspräsidenten der 1953 verfassungsrechtlich verankerten Bezirke. Das parteipolitische Gewicht Oberbayerns kommt auch in der Herkunft der bisherigen CSU-Ministerpräsidenten zum Vorschein, die seit dem Franken Alfons Goppel allesamt dem Lande Oberbayern entwuchsen, wie F. J. Strauß (München), Max Streibl (Oberammergau) und Edmund Stoiber (Oberaudorf). Wissen muss man in diesem Zusammenhang, dass die Partei ihre Ämter bis heute penibel nach regionalem und konfessionellem Proporz austariert.

Franz Josef Strauß (1915–1988)

Franz Josef Strauß (FJS) im Rahmen einer „Kleinen Geschichte" unseres Landes zu würdigen, kann nur im Überblick gelingen. Grundsätzlich sei gesagt, dass er die Geschichte, die Wirtschaft, die Gesellschaft und die Kultur Südbayerns nicht nur geprägt, sondern für die Jahrzehnte von 1950 bis 1988 regelrecht verkörpert hat. FJS hat es vermocht, wie schon angedeutet, seine konservativ-katholische Partei zu „säkularisieren" und in eine technokratische Richtung zu „pushen", von welcher gerade Oberbayern ungemein gewonnen hat. Dass damit politische und soziale Konflikte provoziert wurden, war unvermeidlich. Aufgewachsen ist er in der Münchner Maxvorstadt in einem von der BVP geprägten Elternhaus. Seit 1949 gehörte Strauß dem Deutschen Bundestag an und seit 1953 bekleidete

Franz Josef Strauß, langjähriger Abgeordneter und Parteivorsitzender der CSU, Ministerpräsident von 1978–1988, fand in Oberbayern seine engere politische Hausmacht.

167

er Ministerämter des Bundes, darunter das der Verteidigung von 1956–1962 und des Finanzministers von 1966–1969. Als Bayerischer Ministerpräsident und CSU-Vorsitzender betrieb FJS weiterhin „große Politik" – mit Rotchina, Chile, der Sowjetunion und der DDR. FJS's Verbundenheit mit Oberbayern hatte durch seine Ehe mit Marianne Zwicknagl (1930–1984), die aus einer alteingesessenen Familie aus Rott am Inn stammte, eine weitere Bekräftigung erfahren.

Während sich die CSU modernisierte und die Chancen der Marktwirtschaft erkannte, verharrte die SPD in alten Parteibahnen. In den 70er-Jahren wurde sie gar in der Zahl der Parteimitglieder von der CSU überflügelt. Ihr Anteil bei den Landtagswahlen kam in Oberbayern über 30% nie hinaus. Allerdings mit einer gewichtigen Ausnahme: In der Landeshauptstadt München gewann die SPD mit populären, durchaus „bayerischen" Kandidaten die Kommunalwahlen und stellt(e) regelmäßig die Oberbürgermeister (eine ephemere Periode ausgenommen).

Hans-Jochen Vogel

Hans-Jochen Vogel (*1926) wurde 1960 der jüngste Oberbürgermeister einer Millionenstadt und gestaltete München zu einer hochmodernen, gut funktionierenden Metropole um. Auf sein Wirken geht der U-Bahn- und S-Bahn-Bau und damit die Einbindung des oberbayerischen Umlandes in den Münchner Raum zurück. Der öffentliche Nahverkehr Münchens besitzt bis heute Vorbildcharakter für Großstädte in aller Welt. An der Proklamation Münchens zur Olympiastadt 1972 hatte Vogel entscheidenden Anteil. Leider stieß der pragmatische Jurist bei seiner eigenen Partei auf Widerstand und wurde gegen Ende seiner Münchner Amtszeit in absurde innerparteiliche Links-Rechts-Kämpfe verwickelt. Und das zu einer Zeit als der „Doktor Vogel" auch auf dem Lande höchstes Ansehen genoss und der allmächtigen CSU durchaus Paroli hätte bieten können. Kein Wunder, dass der angesehene Politiker die Landesebene verließ, um als SPD-Bundesvorsitzender und Bundesminister zu wirken. Das moderne München, die prosperierende Welt- und Kulturstadt mit ausgeprägtem sozialem Profil, ist sein Werk!

Industrielle Weichenstellung nach Süddeutschland

Noch in den 50er-Jahren zählte Bayern zu den armen Ländern der Bundesrepublik. Die Arbeitslosenzahl war hoch und das Lohniveau niedrig. Mit 25 % Erwerbstätigen in der Land- und Forstwirtschaft galt Bayern im Gefüge der Bundesrepublik fast noch als Agrarstaat. Für Oberbayern und den Münchner Ballungsraum traf diese Wertung freilich nicht mehr zu. Hier hatte die industrielle Produktion im Jahr 1944 Höchstwerte erreicht – freilich an Rüstungsgütern und unter Kriegsbedingungen. Die Produktionsanlagen und Industriestandorte waren aber noch vorhanden oder konnten, falls sie zerstört waren, wieder für die Friedensproduktion in Gang gesetzt werden. Die Infrastruktur, obgleich im Krieg schwer getroffen, war relativ schnell wieder hergestellt. Mit der heimischen Kohleförderung in Penzberg und Hausham standen zunächst ausreichend Energieträger zur Verfügung. Auch die Wasserkraftwerke lieferten wieder Strom. Am Lech wurden zudem weitere Staustufen errichtet.

Sylvenstein-Speicher (1959)

Die obere Isar und ihre Zuflüsse Dürrach und Walchen wurden von 1954 bis 1959 durch eine mächtige Talsperre zum Sylvenstein-Speicher aufgestaut. Neben der Energiegewinnung dient der Gebirgsspeicher dem effektiven Hochwasserschutz der Isartalgemeinden Lenggries, Bad Tölz und Wolfratshausen. Der einem Fjord gleichende See fügt sich gut in die Berglandschaft ein. Das Dörfchen Fall in der Vorderriss (bekannt durch Ludwig Ganghofers Heimatroman: „Der Jäger von Fall") verschwand allerdings in den Fluten. Von 1994 bis 2001 wurde das Kraftwerk auf den neuesten Stand gebracht.

Die industrielle Basis war demnach vorhanden, ebenso standen qualifizierte Arbeitskräfte zur Verfügung, gerade aus den Reihen der Neuankömmlinge. Die Weichen für eine profunde Modernisierung waren jedenfalls gestellt. Die Münchner Universität und die Technische Hochschule (TH) genossen in den naturwissenschaftlichen und technischen Fächern wachsendes

Renommee. Im „Atom-Ei" in Garching nahm 1957 der erste deutsche Atomforschungsreaktor seinen Betrieb auf.

Seit Beginn der 1950er-Jahre holte Bayern seinen wirtschaftlichen Rückstand kontinuierlich auf. Dem Raum München-Oberbayern kam dabei besondere Bedeutung zu. Er bot günstige Rahmenbedingungen für die Ansiedlung zukunftsweisender Industrien. Stadt und Land galten noch als billig, die Infrastruktur war vorhanden und freie Flächen gab es genug. Dazu trat ein entscheidender Faktor: Die sich abzeichnende Teilung Deutschlands und das im Westen beginnende „Wirtschaftswunder" bewirkten nämlich, dass die großen Wirtschaftslobbys des in jeder Hinsicht erstarkenden Westdeutschlands auf München blickten. Auf München, das die Rolle von Berlin übernehmen könnte, als „heimliche Hauptstadt" der Bundesrepublik. Und dass Oberbayern als Areal galt, das von den Zentren des Kalten Krieges relativ unberührt lag und daher für modernste Industriebetriebe geeignet schien.

Die Geschichte der „Bayerischen Motorenwerke" begann 1912. In den 1960er-Jahren stieg BMW zum führenden Pkw-Hersteller auf. Foto der Produktion im BMW-Werk München.

Ein erstes Zeichen der Umsiedlung von modernen Indus-
triebetrieben aus dem Osten Deutschlands in den Süden setzten die Leipziger Radio-Körting-Werke, die 1952 ihre Fertigung in Grassau im Achental aufnahmen.

Die Weltfirma Siemens verlegte 1957 ihre Hauptverwaltung
vom gefährdeten Westberlin nach München. In den hier neu
aufgebauten Werken arbeiteten bald eine halbe Million Menschen. Siemens, der größte private Arbeitgeber Bayerns, konzentrierte sich aber nicht nur auf die Landeshauptstadt. Die
Vertriebenenstadt Traunreut entwickelte sich infolge der Ansiedlung der Siemens-Kleinbauwerke zum industriellen Zentrum Südostbayerns. Auch andere Großfirmen wie Osram und
Agfa verlegten ihre Produktion nach München. In Ludwigsfeld
wurden neue MAN-Produktionsstätten gegründet. BMW galt
zwar noch längere Zeit als Sanierungsfall, stieg aber ab den
späten 60er-Jahren zum führenden Kfz-Hersteller auf. Mit der
Zusammenlegung der Flugzeugwerke Messerschmitt, Bölkow
und Blohm zum MBB-Luft- und Raumfahrt-Komplex entstand
1968 das größte Unternehmen der Bundesrepublik mit Hauptsitz in Ottobrunn. Tochterfirmen von Dornier ließen sich in
Oberpfaffenhofen und in Germering nieder.

Kurz gesagt, konzentrierte sich die moderne Industriefer-
tigung (Elektrik, Fahrzeugbau, Luftfahrt) Deutschlands auf
München und stieg seit den 70er-Jahren erfolgreich auf Elek-
tronik- und Computertechnologie um. Diesen hochmodernen
Hightech-Wirtschaftzweigen kam zugute, dass sie sich als relativ wenig Umwelt belastend erwiesen und den „grünen Charakter" Oberbayerns kaum beeinträchtigten. Seit den 60er-
Jahren hatte sich München auch zu einem der wichtigsten
europäischen Verlags-, Film- und Medienstandorte entwickelt
… aber lassen wir es mit dieser Aufzählung von Superlativen
bewenden.

Oberbayern wird ins Hightech-Zeitalter katapultiert

Auch Oberbayern profitierte von diesem gewaltigen qualitati-
ven Modernisierungssprung. Um München herum legte sich

der „Speckgürtel" aus modernen Produktionsstätten, Gewerbegebieten und zunehmend auch Wohnflächen. Hohe Lebenshaltungskosten und wachsende Verkehrsbelastung waren die Folge. Wegen der explodierenden Immobilienpreise in München drängt(e) die Wohnbevölkerung immer mehr ins Umland. Ein Problem ist deshalb die Zersiedelung der Landschaft durch den wachsenden Flächenverbrauch. Neue Städte entstanden, wie Grafing (1953), Geretsried (1970) Garching (1990), Unterschleißheim (2000) und Germering (1991, Große Kreisstadt 2004), die sechstgrößte Kommune ganz Bayerns.

Airport MUC

Der 1992 aufgenommene Betrieb des neuen Flughafens München auf einer Gemarkung der Stadt Freising im Erdinger Moos hat ein gewaltiges Konjunkturprogramm im Münchner Nordosten in Gang gesetzt. Seit der Eröffnung des Airports 1992 – und seinen Erweiterungen von 2003 – erfährt die bis dato strukturschwache Region um Freising, Ismaning und Erding durch Ansiedlung von Technologie- und Dienstleistungsbetrieben einen erheblichen Modernisierungs- und Technologie-Schub.

Auch in den mittelgroßen Städten Oberbayerns machte sich der Strukturwandel bemerkbar. Zum Teil richteten sich die Kommunen auf die Landeshauptstadt aus. Öffentliche Verkehrssysteme, Schnellbahnen, Autobahnen- und Straßenbau banden die München nahen Landkreise und Städte fest an die Landeshauptstadt an. Aus den Regionen Landsberg, Fürstenfeldbruck, Pfaffenhofen, Freising, Erding, Rosenheim und Wolfratshausen-Bad Tölz pendeln täglich Tausende von Arbeitnehmern und Konsumenten in die Hauptstadt.

Weitere Wirtschaftsregionen Oberbayerns sind das Südostbayerische Chemie-Dreieck mit den Standorten Waldkraiburg (Stadterhebung 1960), Töging (Stadterhebung 1972) und Traunstein (seit 1972 Große Kreisstadt), dessen Einzugsgebiet weit über die Grenzen Oberbayerns nach Niederbayern und Oberösterreich hinausreicht. Eine besondere Position im wirtschaftlichen Gefüge Oberbayerns nimmt der Raum Ingolstadt ein.

172

Die seit 1984 laufenden Arbeiten zum neuen Airport München auf Freisinger Gebiet bewirkten einen Konjunkturschub für die Landkreise Dachau, Freising und Erding. 2004 erhielt der 1992 eröffnete Flughafen als erster Airport Europas offiziell die Zulassung zum Verkehr der „New Large Aircraft Generation", zu der auch der Airbus A 380 gehört.

Ingolstadt profitierte gleich mehrfach von der in den 60er-Jahren massiv einsetzenden „Autowelle". Die Motorisierung rückte Erdöl als Energieträger ins Blickfeld. Um die Energieversorgung für den Süden der Bundesrepublik langfristig zu sichern, wurden transalpine Ölleitungen von Mittelmeerhäfen (Genua, Triest) nach Bayern projektiert. Das günstig zwischen den Industrierevieren Bayerns und Baden-Württembergs gelegene Ingolstadt wurde als Endpunkt der Pipelines und Mineralöl-Lagerstätte ausersehen. Seit 1959 entstanden zur Weiterverarbeitung des Rohöls Raffinerien im Raum Ingolstadt, in Vohburg und in Neustadt an der Donau. Zusammen mit dem fossil-thermischen Kraftwerk von Großmehring positionierte sich damit die Region Ingolstadt als der Schwerpunkt der bundesdeutschen Erdölindustrie und als das eigentliche Energiezentrum Bayerns.

Einer wahren Erfolgsstory kommt der industrielle Aufstieg Ingolstadts in der Nachkriegszeit gleich, der mit dem Markennamen „Audi" verbunden ist. Die von den Sowjets enteignete Auto-Union AG in Sachsen verlagerte in mehreren Schritten von 1945 bis 1949 ihren Sitz in die verkehrsgünstige Donaustadt, die bis dahin vor allem als Garnisonsstandort bekannt war. Dort boten leer stehende Kasernengebäude und gesprengte Festungsareale Platz für Fertigungsstätten und Lagerhallen. Nach der endgültigen Entscheidung für Ingolstadt als alleiniger Firmensitz im Jahr 1961 entstanden neue Werke im Umkreis der Stadt. Bis heute ist die Audi AG mit 53 000 Beschäftigten der weitaus größte Arbeitgeber der Region Ingolstadt, deren Einzugsbereich Eichstätt, Neuburg an der Donau, Schrobenhausen, Pfaffenhofen an der Ilm, Mainburg und Neustadt an der Donau mit umfasst.

Moderne Bildungslandschaft Oberbayern

Durch die Auslagerung von Teilen der Münchner TH (seit 1970 TU, Technische Universität) in den Norden Münchens stiegen Garching und insbesondere Freising zu Universitätsstädten auf. Rosenheims traditionelle „Kompetenz in Holz" erfuhr durch die Gründung der Fachhochschule eine weitere Steigerung. In Eichstätt nahm 1980 die Katholische Universität ihren Lehrbetrieb auf. Mit vier Universitäten (Ludwigs-Maximilians-Universität, Technische Universität, Universität der Bundeswehr in München, Universität Eichstätt) und fünf Fachhochschulen (München, Freising-Weihenstephan, Ingolstadt, Rosenheim, Benediktbeuern) ist der Regierungsbezirk Oberbayern auf dem höheren Ausbildungssektor ungewöhnlich gut vertreten.

Wir sollten bei der Betrachtung der Verwandlung Oberbayerns zur Hightech-Region aber unser Augenmerk nicht nur auf die „handfesten" wirtschaftlichen und politischen Umstände richten. Diese gab es schließlich in anderen Gebieten Deutschlands ebenso. Als mit entscheidend für den Aufschwung erwies sich auf jeden Fall das kreative kulturelle Umfeld Südbayerns. Über ganz Oberbayern sind Museen, Galerien und Kunstsammlungen verstreut. Erwähnt seien nur die Sammlungen der Maler-

174

schulen von Schrobenhausen, Dachau und Murnau oder das originelle Buchheim-Museum zu Bernried. Moderne Kunst ist längst auch auf dem Land vertreten. In Schlössern und Kirchen werden Konzerte angeboten. Während der prosperierenden 70er-Jahre wurden viele der historischen Baudenkmäler auf dem Lande – Burgen, Schlösser, Kirchen, Klöster – mit hohem Aufwand renoviert und stehen den Interessierten offen. Man hat in Oberbayern schon früh erkannt, dass „Kunst und Kultur" ein wichtiger „weicher" Standortfaktor" ist, der Investitionen und gerade hochqualifizierte Arbeitsplätze anzieht.

Das ländliche Bereich verändert sich

Gravierende Veränderungen erfolgten im ländlichen Bereich. Die kulturgeografische, ökonomische und gesellschaftliche Struktur wurde hier total umgekrempelt. Verantwortlich war die Motorisierung und Mechanisierung der Landwirtschaft, wie sie in den 50er-Jahren mit Bulldogs, Traktoren und Mähdreschern massiv eingesetzt hat – gefolgt von der Welle der Agrochemie mit Kunstdünger und Unkrautvernichtungsmitteln. Jahrhundertealte Formen bäuerlichen Wirtschaftens fanden innerhalb eines Jahrzehnts ihr Ende. Ganze Arbeitszweige wurden durch den maschinellen landwirtschaftlichen Betrieb überflüssig. Der Einsatz der Erntefahrzeuge forderte seinen Preis: Seit 1953 rollte die „Flurbereinigung" übers Land. War Oberbayern als Land der mittleren und kleinen Bauernhöfe bis dahin ein vielgestaltiges Mosaik aus kleinen, bunt durcheinander bewachsenen Feldern, Äckern und Wiesen gewesen, die von Rainen und Hecken umgrenzt und von Brachen durchsetzt waren, so schuf die Flurbereinigung große, für den landwirtschaftlichen Verkehr leicht erschließbare Agrarflächen. Seitdem bestimmen rechteckige, ausgeräumte Felder, maschinengerechte Fluren und einbetonierte Bachläufe das Landschaftsbild. Ökonomisch war das sicher sinnvoll und erleichterte die traditionell schwere Arbeit der Bauern ganz erheblich. Viele Arbeitskräfte wurden dadurch frei und wanderten in die Industrie oder Dienstleistung ab. Waren 1950 noch rund 20% aller Erwerbs-

tätigen in der Landwirtschaft tätig, so sank deren Anteil bis
1982 auf 6% und bewegt sich derzeit um 2%. Von Ökologie
und Umweltschutz war bis in die 60er-Jahre noch nicht die
Rede. Immerhin reagierte die Staatsregierung auf diese immer
dringlicher werdende Herausforderung im Jahre 1970 mit der
bundesweit ersten Institution eines Umweltministeriums und
dem amtlich verordneten Umweltschutzgedanken in Landes-
regierungen und Bezirkstagen.

Eine neue Umwelt

Wir sollten uns bewusst sein, dass Motorisierung und Flurbereinigung auf dem Lande eine gänzlich neue Umwelt geschaffen
haben. Immerhin konnte auf diese Weise die Landwirtschaft überhaupt noch weiter betrieben werden, wenn auch zahlreiche Höfe
aufgegeben wurden oder als Nebenerwerbslandwirtschaft geführt
werden. Wogende Getreidefelder, grüne Wiesen und Viehweiden
gibt es daher immer noch in Oberbayern, genauso wie Almwirt-
schaft in den Bergen. Dass von der Gesamtfläche Oberbayerns
50,3% landwirtschaftlich genutzte Fläche und 33% Wälder und
Forsten einnehmen und nur 10,2% Siedlungs- und Verkehrsfläche
darstellen, überrascht schon! Denn seit den 70er-Jahren hatte sich
die Erkenntnis durchgesetzt, dass die Erhaltung der grünen Kulturlandschaft für den Tourismus unabdingbar sei und ebenso einen
„harten Standortfaktor" in der internationalen Wettbewerbsfähig-
keit darstellt. Es steht zu hoffen, dass dies so bleibt, sehen sich
die Kommunen doch dem Druck ausgesetzt, „flächenfressende"
Verkaufsgebiete und Einkaufszentren auszuweisen.

Unvermeidlich veränderte sich auch die soziale ländliche Gemeinschaft. Urbane Lebensformen waren dem Land wegen der
Nähe zu München und der zahlreichen städtischen Zugezogenen und Zweitwohnungsbesitzer zwar keineswegs fremd gewesen, doch nun brach die Stadtwelt mit ihren Verdienstmöglich-
keiten und ihren exaltierten Konsumgewohnheiten bis in die
letzten Winkel Oberbayerns ein. Manchmal veränderten sich
dort die alten Hierarchien grundlegend, wenn aus dem Dorf
abgewanderte Industriearbeiter plötzlich über mehr „Gerstl"
verfügten als gestandene Bauern. Oder wenn Kleinhäusler

Das 994 gegründete Inselkloster Seeon dient seit 1993 dem Bezirk Oberbayern als Kultur- und Bildungszentrum.

finanzielle Riesengewinne einfuhren, wie übrigens gar nicht so
wenige bäuerliche Grundbesitzer im „Münchner Speckgürtel"
und im Münchner Süden, falls ihre Äcker zu lukrativem Bau-
land umgewidmet wurden.

Die Landjugend setzte voll auf Mobilität, um ihre Freizeit im
nächsten Oberzentrum zu verbringen, oder dem Dorf – *„wo
nichts los is'"* – überhaupt den Rücken zu kehren. Die dörflichen
Gemeinschaften zerfielen auch aus anderen Gründen. Flächendeckend teilte die bayerische Strukturpolitik Oberbayern in die
drei Oberzentren München, Ingolstadt und Rosenheim sowie
in 37 Mittelpunktsorte ein, zu denen z. B. Eichstätt, Neuburg
an der Donau, Schrobenhausen, Freising, Fürstenfeldbruck,
Landsberg, Schongau, Garmisch, Traunstein, Wasserburg, Freilassing zählen. Hier konzentrieren sich Bahn, Post, Schulen,
medizinische Dienste, Einkaufszentren, Handel, Handwerk und
Gastronomie. Die Folge war die regelrechte Verödung der
Dörfer, in denen die Wirtshäuser und Einzelhandelsgeschäfte
keine Perspektive mehr sahen und zusperrten.

„Irgendwie und sowieso": Oberbayern im TV

Der Münchner Drehbuchautor und Regisseur Franz Xaver Bogner (∗1949) hat in seiner 1985/86 gedrehten TV-Kultserie „Irgendwie und sowieso" das zwischen überholter Tradition und exaltiertem Fortschritt zerrissene Leben der dörflichen Jugend in einem fiktiven oberbayerischen Dorf „Zell" anhand mehrerer Personenschicksale treffend geschildert. Während einer der Protagonisten, ein Jungbauer, wieder desillusioniert aufs Land zurückkehrt, verbürgerlicht der Sprüche klopfende 68er-Rebell umgehend und geht der pragmatische Autospezialist einem ungewissen Schicksal entgegen. Ganz im Sinne der 68er-Machos kommt den zahlreich eingespielten weiblichen Rollen keine gesellschaftliche Rolle zu. Von Franz X. Bogner stammen auch die in Bayern spielenden TV-Serien „Cafe Meineid" und „Zur Freiheit". Trotz aller Lust an der Komödie vermitteln sie ein lebensnahes und unsentimentales Bild unserer Region.

Mit der Technisierung der Landwirtschaft verschwanden zuerst die herkömmlichen Arbeitsgeräte und dann das bäuerliche Mobiliar *(„oid's Glump")*, das dann als teure „Bauernmöbel" in der Stadt landete. Dort sprach man hämisch von der *„Resopalisierung"* der Bauernhäuser und Gastwirtschaften. Genauso verzichtete man auf dem Land auf die (echten!) Trachten und die (echte!) Volksmusik, die Speisegewohnheiten und die Feste im kirchlich-bäuerlichen Jahresverlauf, kurz: auf das ganze althergebrachte Brauchtum.

In Fremdenverkehrsorten kehrte sich der Trend um, hier boomten Restaurants, Discos und Shops – doch austauschbar und ohne tieferen Bezug zu ihrer Umgebung. Trachten und Volksmusik wurden bis zur Karikatur verbogen, wobei sich auch die Einheimischen beteiligten, um dem angeblich bei Touristen und TV-Shows so beliebten „Wurzelsepp-Image" entgegenzukommen … Doch Halt! Genug des Lamentos! Während die Modernisierungswellen der 60er- bis 80er-Jahre in der Tat viel an Heimatgefühl und Geschichtsbewusstsein in Vergessenheit geraten ließen und sich einer zweifelhaften Musi'-Stadel- und Landhausromantik öffneten, ist in Dörfern und Kleinstädten mittlerweile schon wieder eine Tendenz zum

Im Freilichtmuseum Glentleiten wurden bisher rund 60 Gebäude auf 25 ha Museumsgelände wiederaufgebaut. Hier der Blick auf die historischen Wohn- und Wirtschaftsgebäude im oberen Geländebereich.

Echten und Unverfälschten zu beobachten. Zahlreiche Heimatvereine verschreiben sich dem Erbe und werden dabei vom Bezirk Oberbayern, zu dessen Aufgaben die Bewahrung der ländlichen Kultur und der Heimatpflege gehören, tatkräftig unterstützt. Es zeigt sich, dass die Landwirtschaft im Seelenhaushalt Oberbayerns tief verankert geblieben ist.

Das gilt auch für die Münchner und die aus der Stadt Zugezogenen, für welche das ländlich geprägte Umfeld und der Spannungsbogen zwischen Tradition und Moderne ein Zeichen hoher Lebensqualität bedeutet. Das besondere Flair der Weltstadt München beruht in hohem Maße auf seiner ländlichen Umgebung und deren Erholungs- und Freizeitwert.

Wissenschaftliche Bewahrung der Tradition

Immerhin konnte die Erinnerung an die bauliche und materielle Kultur der oberbayerischen Bauernschaft festgehalten werden. In zwei wissenschaftlich geführten Freilichtmuseen, auf der Glentleiten bei Großweil und in Amerang (Chiemgau) trug der Bezirk Oberbayern original erhaltene Bauernhäuser, Almen und Mühlen des 18. bis 20. Jahrhunderts samt Einrichtung zusammen. Amerang repräsentiert das bäuerliche Leben im Chiemgau und Südostbayern, Glentleiten das im Ober- und Hochland. Ein Besuch führt uns keineswegs in ein verklärtes Leben mit der Natur, sondern in einen harten Alltag voller Mühsal.

Papst Benedikt XVI.: ein Oberbayer

Nach einer kurzen Periode der religiösen Rückbesinnung unmittelbar nach dem Trauma des Krieges sahen sich die Kirchen in den konsumorientierten „Fress-, Wiederaufbau- und Autowellen" der Nachkriegszeit ins Abseits gedrängt. Für die Freizeit- und Konsumgesellschaft entfiel die sonntägliche Messe. Ist die Kirche wenigstens in Oberbayern im Dorf geblieben? Diese Frage dürfen wir für unseren Raum vorsichtig bejahen, zumindest was die ländlichen Regionen betrifft. In der Erzdiözese München-Freising, die mehr oder weniger mit dem Regierungsbezirk Oberbayern übereinstimmt, leben fast 2 Millionen Katholiken. Sie ist mit 755 Pfarreien, in welchen mehr als 1000 Seelsorger tätig sind, die mitgliederstärkste Diözese Bayerns. Zwar hat die katholische Kirche – genauso wie die protestantischen Kirchen – ihre ehemalige hervorragende Stellung auch hier längst eingebüßt und sieht sich allenthalben mit Säkularismus, Konsumdenken und Konfessionslosigkeit konfrontiert. Allerdings ist sie auf gutem Wege, die verlorene Deutungshoheit und die Wertevermittlung wieder zurückzugewinnen. Angesichts rücksichtslosen und kurzfristigen Gewinnstrebens besinnt sich gerade die Jugend wieder starker Stützen und bewahrender Kräfte. Ein Faktor für die neue Kirchenattraktivität gerade in unserem Raum liegt sicher in der Persönlichkeit des „oberbayerischen Papstes" Benedikt XVI. verankert.

Zur nicht gelinden Überraschung selbst gewöhnlich gut unterrichteter Kreise des Erzbischöflichen Ordinariats wurde am 19. April 2005 Kurienkardinal Joseph Ratzinger zum neuen Pontifex gewählt. Damit geriet ganz Südbayern plötzlich ins Licht der katholischen Weltkirche. Denn Ratzinger selbst hat schon immer das Inn-Salzach-Gebiet um den uralten Wallfahrtsort Altötting herum als seine engere Heimat betrachtet.

Joseph Alois Ratzinger

Im kleinen Marktl am Inn ist er 1927 als Sohn des örtlichen Gendarmeriekommandanten zur Welt gekommen und in eine tiefgläubige altbayerische Familie hineingewachsen. Nach zwei Jahren wurde sein Vater nach Tittmoning und sodann nach Aschau am Inn (bei Waldkraiburg) versetzt. Die nächste Station der Familie war Traunstein, wo der junge Joseph das Erzbischöfliche Studienseminar auf der Wartberghöhe abschloss und zum Priester geweiht wurde. Auch seine nächsten Jahrzehnte waren aufs engste mit Altbayern verbunden. Nach Studienjahren auf dem Domberg in Freising und an der Universität München (die Theologie war damals ins Schloss Fürstenried ausquartiert) folgten ab 1953 verschiedene Lehrtätigkeiten, zuletzt an der Universität Regensburg. Da der gestrenge Professor Ratzinger eher auf dem theoretischen Felde der Wissenschaft reüssierte und keinem theologischen Streitfall aus dem Wege ging, bedeutete es (nach seinen eigenen Aussagen) eine nicht gerade höchst willkommene Überraschung, 1977 von Rom zum Erzbischof von München-Freising ernannt zu werden! Und das als Nachfolger des durchaus volksnahen Julius Kardinal Döpfner.
Ratzinger – seit 1979 Kardinal – bekleidete bis 1982 das Amt des Oberhirten Oberbayerns. Die unverkennbar oberbayerische Dialektfärbung seiner Predigten und Reden hat ihm sicher viel Sympathie beim Kirchenvolk eingebracht. Sein nächstes Amt brachte ihn indes direkt in den Vatikan. Als Präfekt der Römischen Glaubenskongregation wirkte er bis zur Papstwahl im April 2005.

Den Besuch Benedikts XVI. in seiner oberbayerischen Heimatregion mit den Stationen München, Altötting und Marktl im September 2006 haben die Einwohner Oberbayerns – jenseits aller Konfessionen – jedenfalls als besondere Auszeichnung und Ehre empfunden.

181

Papst Benedikt XVI. besucht 2006 sein Geburtshaus in Marktl am Inn.

Das ethnische Gefüge Oberbayerns

Wenn Wirtschaft und Gesellschaft Münchens und Oberbayerns nach dem Zweiten Weltkrieg einem profunden Paradigmenwechsel unterlegen sind, so kann die Bevölkerung in ihrer ethnischen Struktur davon nicht unberührt geblieben sein. Bis zu Beginn des 19. Jahrhunderts war das Volk in Oberbayern noch recht homogen – wenn auch selbst das Ergebnis einer Völkermischung, die der Kabarettist Bruno Jonas trefflich charakterisiert hat: *„Zurückgebliebene* (Römer), *von Westen ‚Herübergekommene'* (Kelten), *von Norden ‚Runtergekommene'* (Bajuwaren) *und Fußkranke* (nämlich die Reste der Völkerwanderung)". Die Aristokratie hingegen war international ausgerichtet und versippte sich in unserem Raum besonders mit italienischen und französischen Familien.

Während der Zeit des Königreichs kamen viele Neu-Bayern (in erster Linie Rheinpfälzer und Franken) hinzu, sowie „Nordlichter" und so genannte „Preußen". Diese Zuwanderungen betrafen hauptsächlich München und veränderten dort das bürgerliche Milieu. Der Eisenbahnbau und die umfangreichen

Bauvorhaben in München lockten um die Jahrhundertwende regelmäßig zahlreiche Saisonarbeiter aus dem Trentino und Norditalien über die Alpen. Viele italienische Familiennamen im Oberbayerischen künden davon. Nach dem Ersten Weltkrieg blieben viele Industriearbeiter, die aus dem Ruhrgebiet, Sachsen oder Oberschlesien gekommen waren, in München, während die ländlichen Gebiete von Zuwanderung noch weitgehend unberührt blieben.

Als Folge des Zweiten Weltkriegs veränderte sich die ethnische Zusammensetzung in Stadt und Land jedoch fundamental. Zu den zahlreichen Familien, die der Krieg aus ganz Deutschland nach Südbayern verschlagen hatte und die hier blieben, kam noch die Masse der Vertriebenen, vorab aus dem böhmischen Raum. Von diesen Migrationen waren nun auch die kleinstädtischen und dörflichen Regionen Oberbayerns betroffen, die einen relativ hohen Anteil nicht-bayerischer Mitbürger aufnahmen. Generell gilt, dass die Zuwanderungen des 19. und der ersten Hälfte des 20. Jahrhunderts in der Regel aus deutschsprachigen Personen mit verwandtem Kulturhintergrund bestanden. Spätestens in den 60er-Jahren waren all diese Personengruppen assimiliert und auch die Konfession spielte keine Rolle mehr.

Immigranten: die neuen Oberbayern

Mit dem Zenit des Wirtschaftswunders und der seit Beginn der 60er-Jahre einsetzenden Hochkonjunktur in Tief- und Hochbau herrschte indes bald Arbeitskräftemangel. So besann man sich bei Industrie- und Bauunternehmen, aber auch bei den Kommunen, wieder ausländischer Arbeiter, die jetzt allerdings nicht mehr Fremdarbeiter hießen, sondern offiziell mit dem euphorischen Namen „Gastarbeiter bzw. Gastarbeiterinnen" bezeichnet wurden.

Als erste kamen Italiener, meist aus dem Mezzogiorno, die im Straßenbau gefragt waren, sodann Jugoslawen, in der Mehrheit Kroaten, und – in geringerer Zahl – Griechen, Portugiesen und Spanier.

„Italienisches Flair" und griechische Folklore

Die Italiener hinterließen insofern tiefe Spuren, als sie höchst erfolgreich ins Gastgewerbe umsattelten und Eiscafes, Pizzerien und bessere Restaurants gründeten, die sich innerhalb von einer Generation zu einer festen und nicht mehr wegdenkbaren kulturellen Komponente (ober-)bayerischen Lebensstils entwickelten. Kein bayerischer Ort ohne „seinen Italiener"! Die Italiener verstanden es, mit ihrem reichen Dienstleistungsangebot zivilisatorisch zu wirken und nördlich der Alpen die leichte und lockere südländische Lebensart einzuführen, zu der Oberbayern, wie im ersten Kapitel erwähnt, ja sowieso eine gewisse Affinität besitzt.

Auch die Griechen engagierten sich mit griechischen Lokalen im Dienstleistungsgewerbe. In München trafen sie auf eine ältere hellenische Kolonie, die noch aus der Zeit des „Griechischen Abenteuers" König Ludwigs I. und seines Sohnes Otto, des ersten Königs Griechenlands, stammten. In der Münchner Ungererstraße haben sich Oberbayerns Griechen ein schönes Kirchen- und Kulturzentrum geschaffen. Sollten Griechen in Bayern überhaupt noch als „Ausländer oder Ausländerinnen" wahrgenommen werden, so werden ihre orthodoxe Religiosität und ihre – an Ägäisurlaub erinnernde – Folklore als willkommene Bereicherung empfunden.

Eine besondere Zuwanderergruppe bilden seit 1990 deutschstämmige Aussiedler aus russischsprachigen Gebieten der ehemaligen Sowjetunion. Während sich die erste Generation mit Tatkraft in die neue Umgebung stürzte und die Assimilation geradezu suchte, ist die Eingliederung der nachgeholten Kinder und Jugendlichen mit erheblichen Verständigungsschwierigkeiten verbunden. Langfristige Lösungen hinsichtlich der Integration und Assimilation der Russlanddeutschen zeichnen sich indessen ab.

Mit der Anwerbung von Arbeitnehmern aus der Türkei ab 1961 ergab sich eine neue Situation der Einwanderung. Ihre Zahl übertraf nämlich bald die der Gastarbeiter aus den anderen Staaten bei weitem. Die Menschen, die zum überwiegenden Teil aus der unterentwickelten Osttürkei stammten, waren in der bundesdeutschen Wirtschaft begehrt, denn sie galten als anspruchslos, waren vielseitig einsetzbar und über Arbeitnehmerrechte kaum informiert. Tausende von türkischen Arbeitern folgten dem Ruf nach Deutschland, denn bis zur Ölkrise 1973 lief die westdeutsche Konjunktur auf Hochtouren. In München arbeiteten Türken beim U-Bahn Bau und bei der Errichtung des Olympiazentrums, viele gingen ins südostbayerische Chemiedreieck, nach Burghausen, Töging, Garching an der Alz, Traunreut oder nach Ingolstadt und in die kleineren Industrieorte Geretsried, Rosenheim und Penzberg.

Der abrupte Anwerbestopp im Jahre 1973 in Folge der Rezession beendete den Zuzug von ausländischen Beschäftigten, womit für Industrie und Wirtschaft das Problem erledigt war – nicht jedoch für die Politik und hier in erster Linie für die Kommunen. Denn gerade die türkischen Arbeitnehmer – die in ihrer Mehrzahl wirklich beabsichtigt hatten, mit dem Ersparten wieder zurückzukehren – waren nun verunsichert, ob sie je wieder nach Deutschland würden einreisen können, entschieden sich für den Daueraufenthalt und holten ihre Familien nach. Mittlerweile wächst die dritte Türkisch-Deutsche Generation heran. Sie wird mit mangelnden Bildungschancen und Jugendarbeitslosigkeit konfrontiert. Wegen der generell besseren Beschäftigungslage ist die Lage der jugendlichen Migranten in Südbayern allerdings nicht so dramatisch wie im Bundesdurchschnitt.

Es wäre unrealistisch zu behaupten, die Integration der Muslime gelinge letztlich so konfliktarm vor sich wie bei den europäischen Zuwanderern. Richtig ist, dass ein Teil der Migranten mit muslimischem Kulturhintergrund erfolgreich ins Dienstleistungsgewerbe gewechselt ist, Gemüseläden und Gastlokale übernahm und es schaffte, den „Döner-Kebab" auch im Oberbayerischen flächendeckend und kulinarisch gleichberechtigt neben den Leberkäs' zu stellen. Ein nicht geringer Teil aber wandte sich wieder seinen traditionellen muslimischen und patriarchalischen Werten zu, die in der deutschen Umgebung als fremd empfunden werden und im Wohnumfeld und in der Schule zu Konflikten führen.

Islam in Oberbayern

Dass die türkischen Gastarbeiter Muslime waren, wurde wegen des ihnen religiös auferlegten Alkoholverbots eher positiv aufgenommen und kam 1971 zum ersten Mal ausführlicher in die Medien, als beim Richtfest des Münchner Olympiastadions für die beteiligten Arbeiter außer den üblichen Schweinshaxen mit Bier Hunderte von Hendln mit Cola geliefert wurden. Die Zahl der Migranten mit türkischem Kulturhintergrund beträgt in München gegenwärtig etwa 50 000. Die Gesamtzahl der Muslime (Türkei; Arabische Staaten; Bosnien; Kosovo) dürfte das Doppelte betragen und etwa 7 % der Stadtbevölkerung ausmachen. Zu beachten ist dabei, dass ein Großteil der Gezählten unter 18 Jahre alt ist. In Freimann (1973), München-Pasing (1999) und Penzberg (2005) verfügen die Muslime über eigene Moscheen.

Die Integration des sich nach außen hin abschottenden Teils der Migranten hat die bayerische Politik und die sie repräsentierenden Parteien drei Jahrzehnte lang entweder als Problem ignoriert, nicht erkannt oder für unnötig empfunden. Das hat sich gegenwärtig freilich geändert. Sowohl die Landeshauptstadt München, die kreisfreien Städte und die Regierung von Oberbayern haben Institutionen geschaffen, welche die Eingliederung dieses jüngsten Zuwanderersubstrats in Oberbayern zum Ziel haben.

Zahlen zur Zuwanderung

Im Jahr 2005 betrug mit 560 000 Menschen der Anteil aller „Spätaussiedler, gemeldeten Ausländer und Asylanten" in Oberbayern 13,5 %, bezogen auf eine Gesamtbevölkerung von 4,17 Millionen. Dass der oberbayerische Anteil den gesamtbayerischen (9,5 %) sowie den bundesdeutschen Durchschnitt (8,8 %) deutlich übertrifft, hängt mit den Boomregionen München, Ingolstadt und Südostbayern zusammen. Von den 1,28 Millionen Münchnern fallen 290 000 unter die Rubrik Ausländer. Das entspricht 23 %. In Ingolstadt beträgt der Ausländeranteil 15 %.

Tourismusland Oberbayern

Das Thema Natur und Umwelt haben wir schon angeschnitten, aber fassen wir es noch einmal unter dem Aspekt des Tourismus systematisch zusammen. Schließlich wird „Oberbayern" nach wie vor mit Seen, Wäldern und Bergen identifiziert und ruft positive Assoziationen hervor. Untersuchungen ergaben, dass Menschen im übrigen Deutschland beim Hören oberbayerischen Dialekts automatisch an „Urlaub" und „Ferien" denken. Der Terminus „Oberbayern" evoziert weiß-blauen Himmel, Berge und Seen, aber auch „Gemütlichkeit", Wohlhabenheit und eine dem Gast gegenüber selbstbewusst ausgeübte Freundlichkeit. Das klingt nach geschickter PR und Marketing-Strategie –, die es in dieser Form auch gibt! Aber jene hohen Erwartungen und affektiven Assoziationen werden ganz offensichtlich auch erfüllt. Gleichbleibende, wenn nicht sogar steigende Gästezahlen müssen ja auf einer realen Grundlage beruhen.

Bereits 1948 rollten wieder die ersten Sonderzüge mit Urlaubern aus dem Norden nach Ruhpolding. Bis in die 50er-Jahre war Oberbayern ein klassisches und gut besuchtes Ferienland für den Sommer- und Winterurlaub gewesen. Der Tourismus und die damit zusammenhängenden Dienstleistungen im Gastgewerbe stellten gerade im Alpenvorland und im Bergland eine wichtige Erwerbsbranche dar. Doch die Massenmobilisierung hat auch hier die alten Rahmenbedingungen gesprengt. Einerseits ermöglichte die Umstellung der Mobilität aufs Privatauto die massenhafte Zufahrt in die Touristenorte, in die Berge und zu Naturschönheiten, doch andererseits beeinträchtigt gerade dieses Verkehrsaufkommen den Freizeitwert drastisch. (Das oberbayerische Mantra lautet: *Stau auf der A 8 Richtung Salzburg" und auf der A 95 Richtung Garmisch"* usw.) Das Urlaubsverhalten der „Freizeitgesellschaft" dehnte sich räumlich und zeitlich immer weiter aus. Zum Naherholungsgebiet, das von München aus für einen Halbtagesausflug erreicht werden kann, zählten längere Zeit nur das Fünf-Seen-Land und die Vorberge mit Jachenau und der Eng. Doch mit dem Ausbau der Autobahn und der Fernstraßen gerieten auch der Chiemsee und die Chiemgauer Alpen in den Münchner Radius. Und strömten bis in die 80er-Jahre Städter und Touristen saisonabhängig „nur" an den Wochenenden „in die Berge", so ist dies nun auch werktags und zudem das ganze Jahr über der Fall.

Eine rührige Freizeitindustrie sorgt für immer neue Sportarten und Events. Wir dürfen aber anerkennen, dass die oberbayerischen Fremdenverkehrsgebiete einer touristischen Total-Vermarktung, wie sie in anderen Alpenländern leider auf der Tagesordnung stehen, bisher nicht nachgegeben haben. Und die Zuwachsraten an Gästen geben gerade diesem Trend zum hochwertigen Kultur- und Natur-Tourismus Recht. Kein Wunder – schließlich hat Oberbayern zahlreiche Naturschönheiten und Kulturdenkmäler zu bieten.

Geschützte Natur

130 Naturschutzgebiete (NSG) mit fast 80 000 Hektar Grund überziehen Oberbayern. Die größten sind das Karwendel- und Ammergebirge, der Geigelstein, die Auen an der Isar und am Lech, die Osterseen, das Murnauer Moos und die anderen noch erhaltenen Moore und Filze – und auf der Insel Sassau im Walchensee und der Vöttinger Kiesgrube bei Freising betreten wir die kleinsten der oberbayerischen Naturschutzgebiete.

Fast 20 % der Fläche Oberbayerns stehen unter Landschaftsschutz. Unter den 244 ausgewiesenen Landschaftsschutzgebieten (LSG) finden wir das Lattengebirge, die ausgedehnten Forste südlich und östlich von München, sämtliche Seen im Voralpenland, das Inntal, das Tal der Paar und das Donautal bei Neuburg.

Der 1978 eröffnete Nationalpark Berchtesgaden umfasst 210 Quadratkilometer grandioser Gebirgs- und Hochgebirgslandschaft um Königsee, Watzmannstock und Steinernes Meer. Die Natur ist hier zu ihrer Ursprünglichkeit zurückgekehrt. Gleichwohl kann der Nationalpark umweltschonend durchwandert und durchstiegen werden.

Wie schon erwähnt, stehen auch von Menschenhand geschaffene Bauwerke unter Denkmalschutz. Das Bewusstsein, unser in historischen Stadtanlagen, Bauensembles, Kirchen und

188

Eine oberbayerische Ikone: Königsee, Schlösschen und Kapelle
St. Bartholomä und der Watzmann. Richtig „bayerisch" wurde dieses
Gebiet allerdings erst vor 200 Jahren, zuvor war es Teil der selbst-
ständigen Fürstpropstei Berchtesgaden.

Schlössern fassbares geschichtliches Vermächtnis zu erhalten, ist
mittlerweile fest und unverrückbar in der Gesellschaft verankert. Wie viele denkmalgeschützte Objekte gibt es in Oberbayern? 600 eng bedruckte Seiten umfasst jedenfalls der Band,
der die oberbayerische Denkmalliste enthält. Darin enthalten
sind Keltenschanzen und Römerstraßen, romanische Kirchen,
gotische Konvente und Kreuzgänge, Residenzen der Landesherren und Ritterburgen, Adelspaläste des Barock, Rokoko-
kapellen, Bauernhäuser und Industriebauten in seltener Fülle.
Behaupten wir ohne besondere Kühnheit, dass wir in unserer
Region zwischen Altmühl, Donau und Alpenkamm eine „Kunst-
Dichte" finden, wie sie in Europa einzigartig ist! Es mag mit-

unter Interessenkonflikte geben, doch an der Bewahrung dieser kulturellen und historischen Substanz zweifelt niemand.

Heimat Oberbayern

Natur, Alltag, Mitmenschen, Kultur und das Wissen um Tradition und Geschichte bestimmen die Identität einer Region und ihrer Menschen. Sie verdichten sich zur „Heimat". Sie steht wieder hoch im Kurs, bildet sie doch einen Anker in der Gegenwart und einen festen Platz für die Zukunftsbewältigung. Der Begriff der „Heimat" – im 19. Jahrhundert reaktionär verklärt, im letzten Jahrhundert ideologisch übel missbraucht, dann sinnentleert und verhöhnt – ist wieder in unseren Sprachgebrauch zurückgekehrt. Aber dieser „neue" oberbayerische Heimat-Begriff hat nichts mehr mit Abschließung oder gar Heimat-„Schutz" zu tun, sondern er ist weit gefasst und bezieht die Fülle moderner und postmoderner Lebensäußerungen mit ein. Kultur ist lebendig und wandelt sich und entwickelt sich immer weiter – gerade in einer dynamischen Region, wie der unseren, in welcher mehrere, geradezu umwälzende Modernisierungsphasen in kurzen Abständen stattgefunden haben und ganz sicher noch weitere folgen werden. Natürlich gab und gibt es dabei Brüche in sozialer, aber auch in kultureller Hinsicht. Oberbayern als weltoffene Heimat ist darauf gut vorbereitet. Werten wir dies als Zeichen einer fortgeschrittenen Zivilgesellschaft in unserem Raum!

Zeittafel

3. Jh.– ca. 50. v. Chr.	Eisenzeit; Keltisches Oppidum Manching; „Kelten-schanzen"
15. v. Chr.	Eroberung durch die Römer; Provinz Rätien; Römerstraßen.
Mitte 4. Jh.	Christentum in Rätien.
um 550	Germanische Bajuwaren im Land südlich der Donau, erste „ing-Orte".
570–788	Herzöge aus dem Haus der Agilolfinger.
um 739	Gründung des Bistums Freising.
um 740	Gründung des Bistums Eichstätt.
um 740	Benediktinerabtei Benediktbeuern.
Mitte 8. Jh.	Benediktinerkloster Tegernsee. Chiemseeklöster.
910/11	Einfall der Magyaren (Ungarn). Untergang zahlreicher Klöster.
955	Sieg über die Magyaren (Ungarn) auf dem Lechfeld.
994	Kloster Seeon, „Skriptorium des Reiches".
1119	Kloster Scheyern; Herren von Wittelsbach.
1021	Benediktinerabtei Weihenstephan.
1070–1180	Welfische Herzöge; Hausklöster Rottenbuch (1073) und Steingaden (1147).
1102/05	Geistliches Territorium Berchtesgaden.
1132	Burg Andechs; Grafen von Diessen-Andechs.
1133	Kloster Weyarn; Grafen von Falkenstein.
um 1150	Kloster Diessen; Grafen von Diessen-Andechs.
1138–1158	Bischof Otto von Freising.
1140	Neugründung des Klosters Schäftlarn.
1156–1180	Heinrich der Löwe, Herzog von Bayern.
1158	„Augsburger Schiedsspruch": offizielles Gründungsdatum Münchens.
1170	Erstnennung von „Oberbayern" (superior Bavaria) in der Historia Welforum.
1180	Installation der Herzöge aus dem Haus Wittelsbach.
1180/1200	Civitas (Stadt) München; Herzogsburg.
1200–1246	Erzbischof Eberhard von Salzburg. Tittmoning, Laufen, Lebenau salzburgisch (späterer Rupertiwinkel). Mühldorf salzburgische Enklave.
1230/1248	Ende der Andechser Grafen.
Mitte 13. Jh.	Bischöflich-freisingische Grafschaft Werdenfels.
1255	Herrschaftsteilung in Ober- und Niederbayern. „Oberes Bayern" wird eigener Herrschaftsbezirk.
1253/1255–1294	Herzog Ludwig II. der Strenge, Herzog von Oberbayern.

1255	Herzogsburg „Alter Hof" in München wird Residenz.
1258	Kloster Fürstenfeld.
13. Jh./ Beginn 14. Jh.	Wittelsbachische Städtegründungen. Aichach; Neuötting, Schongau; Weilheim.
1294–1347	Herzog Ludwig IV. 1314 König, 1328 Kaiser Ludwig der Bayer.
1302	Oberbayerischer Rittertag von Schnaitbach. Ständische Verfassung.
1313, 1322	Ritterschlachten von Gammelsdorf und Ampfing/Mühldorf: wittelsbachische Siege über habsburgische und salzburgische Rivalen.
1328–1347	München kaiserliche Residenzstadt Ludwigs des Bayern.
1329	Hausvertrag von Pavia: Herrschaftsteilungen.
1330	Kloster Ettal.
1349	Herrschaftsteilungen in mehrere wittelsbachische Linien.
1392	Herrschafts- und Landesteilungen: Oberbayern-München; Oberbayern-Ingolstadt; Niederbayern.
1413–1447	Herzog Ludwig der Bärtige von Ingolstadt. Ingolstadt wird Residenz.
1420–1422	„Großer bairischer Hausstreit". Münchner Sieg über Ingolstädter in der Schlacht von Alling 1422.
15. Jh.	Spätgotische Kunst- und Kulturblüte in Altbayern. Wallfahrtszentren Altötting und Andechs.
1472	Universität Ingolstadt.
1492	Bau der Kesselbergstraße.
1467–1508	Herzog Albrecht IV. der Weise von Bayern-München.
1503/04	Landshuter Erbfolgekrieg.
1505/06	Primogeniturgesetz; Wiedervereinigung Ober- und Niederbayerns. Verlust der Grafschaft Tirol an die Habsburger. Bildung des Fürstentums Pfalz-Neuburg.
1502–1559	Pfalzgraf Ottheinrich von Neuburg/Donau. Residenz.
16. Jh.	Herzogliche Rentämter München und Burghausen. München wird Fürstliche Haupt- und Residenzstadt. Renaissance.
1522	Ablehnung der Reformation in der Konferenz zu Grünwald.
1542	Evangelische Schlosskirche in Neuburg/Donau.
1546	Gründung der Eisenhütte mit Hammerwerk bei Aschau.

1547/48	Schmalkaldischer Krieg. Katholische Einnahme Neuburgs/Donau.
1537–1549	Ingolstadt wird Landesfestung.
1563 ff.	Endgültige Ablehnung der Reformation auf dem Ingolstädter Landtag. Eingliederung der Herrschaften Hohenaschau, Hohenwaldeck und Haag ins Herzogtum.
1597–1651	Maximilian I. 1616 Einheitliches Landrecht. 1623 Kurwürde.
1597	Vollendung der Michaelskirche in München. Gegenreformation der Jesuiten.
1611	Salzburgisch-Bayerischer Salzkrieg. Salzmonopol geht auf Bayern über.
1619	Soleleitung von Reichenhall nach Traunstein.
1632	Schwedische Belagerung Ingolstadts, Einnahme Münchens durch König Gustav Adolf. Verwüstung des Oberlandes.
1634	Erste Passionsspiele in Oberammergau.
ab Mitte 17. Jh.	Einzug des Barock in Oberbayern: Gründung zahlreicher kurfürstlicher und landständischer Lustschlösser (Nymphenburg, Schleißheim, Lustheim). Barockisierung der Kirchen- und Klosterbauten.
1702–1714	Spanischer Erbfolgekrieg. Habsburgische Truppen besetzen das Land. Sendlinger Mordweihnacht von 1705.
1742–1744	Österreichischer Erbfolgekrieg. Habsburgisches Okkupationsregime. „Feuertaufe" Burghausens.
1754	Vollendung der Wieskirche
1776	Gründung des radikal-aufklärerischen „Illuminaten-Ordens" in Ingolstadt. Verbot 1785.
1777	Rückgliederung Pfalz-Neuburgs ins Kurfürstentum.
1777/78	Bayerischer Erbfolgekrieg („Kartoffelkrieg", „Zwetschgenrummel").
1779	Frieden von Teschen: Kurfürstentum Bayern bleibt bestehen. Österreichisch-Bayerische Inngrenze, Burghausen wird Grenzstadt.
Ende 18. Jh.	Binnenkolonisierung (Dachauer Moos, Donaumoos); Anlage von Kanälen und Chausseen.
1799–1817	„Superminister" Graf Montgelas. Umfassende Modernisierung.
1800	Sieg napoleonischer Truppen über Österreicher und Bayern bei Hohenlinden. Bayern schwenkt auf die Seite Napoleons.
1800/02	Verlegung der Universität von Ingolstadt nach Landshut.
1803	Regensburger Reichsdeputationshauptschluss: Me-

	diatisierung und Säkularisation: Einverleibung der Hochstifte Freising und Eichstätt. Aufhebung der oberbayerischen Klöster und ihrer Herrschaften.
1806	Königreich Bayern. Erster König Max I. Joseph (–1825).
1809	Toleranzedikt, Religionsfreiheit.
1810	Oktoberfest München. München königliche Haupt- und Residenzstadt.
1814	Optisches Institut Josef Fraunhofers in München.
1816	Vertrag von München (Folgevertrag des Wiener Kongresses 1815): „Rupertiwinkel" und Berchtesgaden werden bayerisch.
seit 1817	Ehemalige Klöster in Tegernsee und Berchtesgaden verwandeln sich zu wittelsbachischen Sommer- und Nebenresidenzen.
1817	Bayern wird in 8 Departements/Kreise eingeteilt.
1818	2. Verfassung des Königreichs. Kreisenteilung. „Isarkreis" mit „Vorort" München.
1821	Neugründung des Erzbistums Freising mit Sitz in München.
1826	Verlegung der Universität von Landshut nach München.
1833	Polytechnikum München.
1834	Nach Brand entsteht die Saline Reichenhall neu („Kathedrale der Industrie").
1837	Auf Veranlassung König Ludwigs I. wird mit Wirkung für 1838 der „Isarkreis" wieder Kreis oder Regierungsbezirk Oberbayern genannt. Seine Hauptstadt ist München. Er schließt Altötting, Burghausen, den „Rupertiwinkel" sowie Friedberg-Aichach mit ein. (Bestand bis 1972) 1837: 666 000 Einwohner.
1837/38	Beginn industrieller Kohleförderung in Peißenberg, Peiting und Penzberg.
1838	Gründung des „Historischen Vereins von Oberbayern". Beginn quellengestützter moderner Geschichtsforschung über Oberbayern.
1839	Mit der Strecke München–Lochhausen–Augsburg beginnt der Ausbau des Eisenbahnnetzes (1912 im Wesentlichen vollendet).
1841	Erste in Bayern gefertigte Dampflokomotive (Maffei, München).
1848	Vollendung der Königlichen Landesfestung Ingolstadt (im Bau seit 1826).
1848	48er-Revolution in München: Ende feudaler Vorrechte (z. B. Hofmarksimmunität); Bildung politi-

194

	scher Parteien. Patrioten (katholisch, altbayerisch) und Liberale (evangelisch, fränkisch, neubayerisch).
2. Hälfte 19. Jh.	Oberbayerische Landschaftsmalerei; Künstlerkolonien am Chiemsee, in Dachau und im Voralpenland.
1851	Beginn der Dampfschifffahrt auf dem Starnberger See.
1854	„Allgemeine deutsche Industrieausstellung" im Münchner Glaspalast: Maschinenbau, Telegrafen, Gasbeleuchtung, Fototechnik, Chemieprodukte.
1858	Alpenwanderung König Max II. Oberbayern wird überregional bekannt.
1864	Vollendung des Gebäudes der „Regierung von Oberbayern" an der Münchner Maximilianstraße.
1864	Rosenheim wird Stadt. Bahnhof und Eisenbahnknotenpunkt. (Erster Bahnhof 1858, zweiter 1872).
1864–1886	König Ludwig II. Bau der Königsschlösser unter Einsatz moderner Bau- und Elektrotechnik.
1866	Lokomotivenfabrik Krauss, München.
1868	Technische Hochschule (TH) München.
1886–1912	„Prinzregentenzeit" (Regent Luitpold). Gründerzeit.
1887 ff.	Aus den „Patrioten" geht die Konservativ-Katholische „Bayerische Zentrumspartei" hervor. Sie bleibt in Oberbayern führend. Kleinbauern und Häusler sammeln sich im „Bauernbund", die Arbeiterschaft in der „Sozialdemokratischen Partei".
seit 1880	Unter Oskar von Miller (1855–1934) Gewinnung und Übertragung von elektrischem Strom; Bau von Fluss- und Speicherkraftwerken.
1882	Erste Elektrotechnische Ausstellung in München.
1888	Erste Kraft- und Arbeitsmaschinenausstellung in München.
Ende 19. Jh.	Einführung moderner Hygienestandards durch Max von Pettenkofer (1818–1901).
1894	„Verein zur Förderung des Fremdenverkehrs in München und im bayerischen Hochlande."
1896	Gründung des Satireblattes „Simplizissimus".
Jahrhundertwende	Ludwig Thoma (1867–1921) verarbeitet oberbayerische Themen in seinen Romanen und Dramen.
seit 1905	Kraftpost-Omnibus-Verkehr.
1912	Königlich-Bayerischer Militärflughafen Schleißheim.
1913–1922	Errichtung der chemischen Werke in Burghausen durch Alexander von Wacker (1846–1922), damit Gründung des „Südostbayerischen Chemie-Dreiecks".

1916/17	Bayerische Flugzeugwerke, vereinigt zu „Bayerische Motoren-Werke" (BMW) in Oberwiesenfeld (München).
seit 1916	Aufbau kriegswichtiger Schwerindustrien in München und seiner nördlichen Peripherie (Moosach, Freimann).
1918	Regierungsbezirk Oberbayern zählt 1,68 Millionen Einwohner, davon in München 0,7 Millionen.
1918	Proklamation des „Freien Volkstaats Bayern" durch Kurt Eisner (Unabhängige Sozialisten). Ende der Monarchie.
1919	In den Parlamentwahlen erlangt die konservativ-katholische „Bayerische Volkspartei" (BVP) vor Liberalen und SPD die Mehrheit in Oberbayern. Kommunistische Räterepublik in München und Einnahme der Stadt durch Freikorps aus dem Oberland. „Ordnungszelle Bayern".
1918–1924	Bau des Walchenseekraftwerkes. Modernstes Turbinenkraftwerk seiner Zeit. Elektrifizierung des oberbayerischen Schienennetzes.
1923 ff	Nach dem missglückten Hitlerputsch 1923 Bildung eines konspirativen nationalsozialistischen Netzes in Oberbayern.
1920er-Jahre	Reges kulturelles Leben in München und Oberbayern: Schriftsteller Thomas Mann und Lion Feuchtwanger, Komponist Richard Strauss. Volksmusiker Kiem Pauli.
1932/33	In den letzten freien Landtagswahlen 1932 erreicht die BVP in Oberbayern 37 %, die NSDAP 24,6 %. In den Reichstagswahlen 1933 erlangt die NSDAP in Oberbayern 38,8 %.
1933	NS-Machtergreifung in München und Oberbayern. Einrichtung des KZ Dachau.
1933–1945	NS-Gau München-Oberbayern. München als „Hauptstadt der Bewegung".
1933–1944	Oberbayern wird bevorzugtes Ziel der NS-Freizeit-Organisation „Kraft durch Freude" (KdF). Bau der „Deutschen Alpenstraße" und der Reichsautobahn Augsburg-München-Salzburg.
1936	4. Olympische Winterspiele in Garmisch-Partenkirchen.
1936 ff	Anlage von zahlreichen Kasernen und militärischen „Fliegerhorsten" in Oberbayern. Luftfahrt-Rüstungsindustrie (BMW, Dornier, Messerschmitt).
1937/38	Ausbau des Obersalzbergs zu Hitlers „Berghof" und zum zweiten Regierungssitz des „Führers".

1938	Inszeniertes antijüdisches Pogrom („Kristallnacht") in München.
1939	Flughafen Riem, seinerzeit modernster Zivilflugplatz.
1939	Im „Gau München-Oberbayern" leben 1,95 Millionen Menschen.
1939–1945	Zweiter Weltkrieg: Anlage von KZ-Außenlagern in ganz Oberbayern; Einsatz von Zwangsarbeitern in der Rüstungsindustrie.
1943–1945	Luftangriffe auf München, seit 1944 auch auf die anderen Städte Oberbayerns.
1945	Missglückte „Freiheitsaktion Bayern"; SS-Standgerichte; Todesmärsche von KZ-Insassen und Zwangsarbeitern durch Oberbayern. Kapitulation. US Occupation Forces.
1946	Wiederherstellung der Regierungsbezirks- bzw. Kreisordnung.
1946–1950	Ostflüchtlinge und Sudetendeutsche lassen sich in Oberbayern nieder und gründen eigene Zentren. Die Bevölkerung Oberbayerns wächst um mehr als eine halbe Million auf fast 2,5 Millionen Einwohner.
1945–1950	Herausbildung der Parteienlandschaft: Christlich Soziale Union (CSU); Bayernpartei (BP); Sozialdemokratische Partei (SPD). Seit 1957 CSU als stärkste politische Kraft in Oberbayern. Die SPD gewinnt dafür die Hauptstadt München.
1952 ff.	Verlagerung wichtiger Industriestandorte aus Berlin und Ostdeutschland nach Südbayern (Körting, Siemens, Osram, Agfa).
1953	Bezirksordnung für den Freistaat Bayern.
seit 1953	Die „Flurbereinigung" verwandelt das bäuerliche Land zum „Agrargebiet".
1954	Erste Wahl eines oberbayerischen Bezirkstages.
1957	„Atom-Ei" in Garching.
1959	Erdöl-Pipelines nach Vohburg und Ingolstadt; Raffinerien.
1959	Anlage des Sylvenstein-Speichers.
1960er-Jahre	Betrieb von MAN in München-Ludwigsfeld; BMW wird führender Kfz-Hersteller. Moderner Ausbau des „Chemie-Dreiecks" (Burghausen, Waldkraiburg, Töging, Traunstein).
1961	Ingolstadt wird alleiniger Firmensitz der Audi AG und führender Industriestandort Bayerns.
1961–1973	Anwerbung zahlreicher „Gastarbeiter" für die Industrie. Die umfangreichste Gruppe bilden die Arbeits-

	emigranten aus der Türkei. Sie repräsentieren heute die größte Minderheit in Oberbayern.
1968	Messerschmitt-Bölkow-Blohm (MBB), Ottobrunn, größtes Unternehmen der Bundesrepublik (Raum- und Luftfahrt).
1970	Technische Universität München (TUM), mit Stand- orten in Freising und Garching.
1972	Ende der „Ära Vogel" in München. Dr. Hans Jochen Vogel (*1926, Münchner Oberbürgermeister 1960– 1972) geht in die Bundespolitik.
1972	20. Sommerolympiade in München.
1972	Bayerische Gemeinde- und Gebietsreform: Ober- bayern vergrößert sich um Eichstätt und Neuburg/ Donau, verliert Friedberg und Aichach.
1977	Bauernhofmuseum Amerang des Bezirks Ober- bayern.
1978	Nationalpark Berchtesgaden.
1980	Katholische Universität Eichstätt.
1982	Bauernhofmuseum Glentleiten des Bezirks Ober- bayern.
1988	Mit dem Tod Franz Josef Strauß' (1915–1988) endet die „Ära FJS" (Ministerpräsident 1978–1988).
1992	Airport MUC auf Freisinger Boden (erweitert 2003).
1993	Eröffnung des Kultur- und Bildungszentrum des Bezirks Oberbayern in Kloster Seeon.
1997	Der Bezirk Oberbayern verlässt das Gebäude der Regierung von Oberbayern in der Maximilianstraße und bezieht seine neue Verwaltung in der Prinz- regentenstraße 14.
2005	Josef Kardinal Ratzinger (*1927, Erzbischof von München-Freising 1977–1982) wird Papst Benedikt XVI.
2006	Der „oberbayerische Papst" Benedikt XVI. besucht seine Heimat.

Regierungspräsidenten

Joseph Maria von Weichs	1808–1810
Generalkommissär des Isarkreises	
Ferdinand Frhr. von Schleich	1810–1819
Generalkommissär des Isarkreises	
Gabriel Bernhard von Widder	1819–1833
Generalkommissär u. Präsident d. Reg.	

Carl Graf von Seinsheim	1833–1840
Generalkommissär u. Präsident d. Reg.,	
ab 1837 Regierungspräsident	
Josef Hörmann von Hörbach	1840–1847
Bernhard Frhr. von Godin	1847–1848
Theodor von Zwehl	1848–1849
Wilhelm von Benning	1849–1852
August Lothar Graf von Reigersberg	1852
Philip Frhr. von Zu-Rhein	1853–1870
Theodor von Zwehl	1870–1875
Hugo Frhr. von Hermann	1876–1880
Maximilian Frhr. von Feilitzsch	1880–1882
Sigmund Frhr. von Pfeufer	1882–1894
Dr. Friedrich von Ziegler	1894–1897
Julius von Auer	1897–1902
Josef Nikolaus Ritter von Schraut	1902–1905
Anton Ritter von Halder	1905–1917
Dr. Gustav Ritter von Kahr	1917–1924
Ludwig von Knözinger	1924–1933
Robert Rauck	1933–1934
mit der Leitung d. Geschäfte betraut	
Heinrich Gareis	1934–1943
1934–40 mit der Leitung d. Geschäfte betraut,	
ab 18. April 1940 Regierungspräsident	
Franz Mayr	1943–1945
Ludwig Osthelder	1945–1949
Dr. Richard Balles	1949–1950
Dr. Heinrich Kneuer	1950–1952
Dr. Johann Mang	1952–1062
Dr. Adam Deinlein	1962–1974
Raimund Eberle	1975–1994
Werner-Hans Böhm	1994–2005
Christoph Hillenbrand	seit 01. 09. 2005

Landrats- und Bezirkstagspräsidenten

Landratspräsidenten:

Georg Ludwig von Maurer	1829, 1830
Max Prokopp Freiherr von Freyberg-Eisenberg	1832,
	1834–1836
Maximilian Graf von Hundt	1833
Theobald Graf von Butler-Clonebough auf	1837, 1839
Haimhausen	

Karl August Ritter von Röckel zu Lauterbach	1840, 1841, 1842, 1844
Caspar von Steinsdorff	1844, 1846–1848, 1858
Friedrich von Hofstetten	1850
Sigmund Erasmus Freiherr von Malsen, Herr auf Marzoll	1852, 1853
Franz Seraph Dobler	1854–1857
Franz Xaver von Badhauser	1859–1881
Friedrich Ritter von Schultes	1882–1899
Josef Ritter von Seuffert	1900–1913
Dr. Philipp Ritter von Brunner	1914–1918
Präsident des Kreistags:	
Jakob Kroher	1919–1931
Präsident des Kreistags:	
Alfons Stollreither	Juni 1931–1933
Präsident des Kreistags bzw. Bezirksverbandstags:	
Christian Weber	1933–1945
Bezirkstagspräsidenten:	
Dr. Peter Hecker	1954–1966
Georg Klimm	1966–1986
Hermann Schuster	1986–1998
Erwin Filser	1998–2000
Franz Jungwirth	seit 2000

Neuere Literatur in Auswahl

Bayerisches Landesamt für Denkmalpflege: Denkmäler in Bayern. Ensembles, Baudenkmäler, archäologische Geländedenkmäler. Oberbayerische Landkreise in Einzelbänden 1986 ff. Denkmalliste Oberbayern (Band I,2). München 1986

Beck, Rainer: Unterfinning. Ländliche Welt vor Anbruch der Moderne. München 1993

Bonk, Sigmund: Königreich Bayern. Facetten bayerischer Geschichte. 1806–1919. Regensburg 2005

Bosl, Karl (Hg.): Bosls Bayerische Biographie. Mit Ergänzungsbänden. Regensburg 2001.

Brugger, W.; Dopsch, Heinz (Hg.): Geschichte von Berchtesgaden. Stift, Markt, Land. Berchtesgaden 1991

Deutinger, Stephan. Vom Agrarland zum High-Tech-Staat. München 2001

Götz, Ernst (Hg.): München und Oberbayern (Handbuch der deutschen Kunstdenkmäler 4), München 2006.

Hartmann, Peter C.: Bayerns Weg in die Gegenwart. Regensburg [2]2005

Herwig, Wolfram: Salzburg, Bayern, Österreich. München 1995
Heydenreuter, Reinhard: Kleine Münchner Stadtgeschichte. Regensburg 2007
Hubensteiner, Benno: Bayerische Geschichte. Staat und Volk. Kunst und Kultur. Rosenheim 2006.
Kramer, Ferdinand: Oberbayern. Grundzüge seiner Geschichte in Mittelalter und Neuzeit. München 1994.
Körner, Hans-Michael: Geschichte des Königreichs Bayern. München 2005
Körner, Hans-Michael; Schmid, Alois: Handbuch der historischen Stätten Bayern; Band 1: Altbayern und Schwaben. Stuttgart 2006.
Lanzinner, Maximilian: Zwischen Sternenbanner und Bundesadler. Bayern im Wiederaufbau 1945–1958. Regensburg 1996.
Liebhart, Wilhelm: Altbayerische Geschichte. Dachau 1998
Prinz, Friedrich: Die Geschichte Bayerns. München 1997
Reichold, Klaus: Der Himmelsstürmer. Ottheinrich von Pfalz-Neuburg. Regensburg 2004
Schindler, Herbert: Reisen in Oberbayern. Rosenheim 2005.
Schmid, Alois: 1806: Bayern wird Königreich. Vorgeschichte-Inszenierung-Europäischer Rahmen. Regensburg 2006
Sievers, Susanne: Manching. Die Keltenstadt. Stuttgart 2003
Thomas, Heinz: Ludwig der Bayer. Kaiser und Ketzer. Regensburg 1993
Treffer, Gerd: Kleine Ingolstädter Stadtgeschichte. Regensburg 2004
Treml, Manfred: Geschichte des modernen Bayern. Königreich und Freistaat. München 2006
Weidlich, Ariane (Hg.): Moderne Zeiten? Industrialisierung im ländlichen Oberbayern. Petersberg 2006.
Weithmann, Michael: Inventar der Burgen Oberbayerns. München 1995
Ders.: Ritter und Burgen in Oberbayern. Dachau 1999
Zorn, Wolfgang (Hg.): Bayerns Geschichte im 20. Jahrhundert. Von der Monarchie zum Bundesland. München 1986.
Ders.: Bayerns Geschichte seit 1960. Regensburg 2007.

Zu empfehlen ist ferner die jährlich erscheinende Zeitschriftenreihe des „Historischen Vereins von Oberbayern" (München): Oberbayerisches Archiv.

Register

(Die Zeittafel wurde in das Register nicht einbezogen. *Kursive* Zahlen
verweisen auf Abbildungsseiten.)

Orte

204

Personen

Internetadressen

Bayerische Landesbibliothek Online (BLO): Zentrales kulturwissenschaftliches Internet-Portal zur Geschichte Bayerns (Orte, Personen, Lexika, Zeitschriften, Landes- und Regionalgeschichte, Kunstgeschichte, Volkskunde, Theater, Musik, Karten, Bilder, Handschriften. Drucke): www.bayerische-landesbibliothek-online.de
Regierung von Oberbayern: www.regierung.oberbayern.bayern.de
Bezirk Oberbayern: www.bezirk-oberbayern.de
Tourismus Oberbayern: www.oberbayern.de, www.oberbayern-tourismus.de, www.bayern-online.de
Wirtschaft Oberbayern: www.ihk.muenchen.de, www.statistik.bayern.de
Geographie, historische und aktuelle Karten: www.geodaten.bayern.de
Geschichte: www.gesellschaft-fuer-archaeologie.de, www.verband.bayerischer.geschichtsvereine.de, www.historisches-lexikon-bayerns.de
Kirchengeschichte: www.erzbistum-muenchen.de
Bayerisches Landesamt für Denkmalpflege: www.blfd.de

Bildnachweis

akg-images, Berlin: S. 85
Archiv des Freilichtmuseums Glentleiten, Großweil: S. 179
Autor: S. 23, 31, 35, 46, 98
Bayerische Staatsbibliothek München: S. 61 (Inv.-Nr. Hbks F 15f, fol. 1, Ausschnitt)
Bezirk Oberbayern, München: S. 11
BMW AG, München: S. 170
E.ON Wasserkraft GmbH, Landshut: S. 125
Flughafen München GmbH: S. 173 (Foto: Werner Hennies, München)
Institut für Zeitgeschichte, München–Berlin: S. 138 (Foto: Max Köstler, Berchtesgaden)
Kloster Seeon: S. 177
Münchner Stadtmuseum: S. 57 (Slg. Graphik und Gemälde, Z 2962)
Georg Pfeilschifter, Lenting: S. 71
Regierung von Oberbayern, München: S. 13, 92
SÜDSALZ GmbH, Berchtesgaden: S. 95
Tourismus und Begegnung Marktl: S. 182
Tourist Information Aschau im Chiemgau: S. 67
Tourist-Information Burghausen: S. 18 (Foto: H. Frey)
ullstein bild, Berlin: S. 145, 167 (ullstein – COLORVISION), 189 (ullstein – Imagebroker.net)
Verlagsarchiv: S. 16–17, 38, 54, 73, 79, 106
Frieder Vogelsgesang, München: S. 157
Wittelsbacher Ausgleichsfonds, München: S. 101 (Inv.-Nr. B I 426)
www.pixelio.de: S. 64 (Foto: Georg Jurek, Surheim)